찾아가는 역사

창덕궁

자연을 담은 조선의 참 궁궐

김은의 글 | 김주리 그림 | 날개달린연필 기획

국민서관

차 례

첫째마당
아는 만큼 보여요

둘째마당
백 번 듣는 것보다 한 번 보는 게 나아요

1 조선 왕들의 사랑을 받다
– 창덕궁은 어떤 궁궐일까?

1) 형제들의 피로 얼룩진 경복궁에 어찌 들어가랴 · 12
2) 자연과의 조화를 생각하다 · 16

■ 똑똑한 역사 읽기 · 18
　조선의 5대 궁궐
　동궐도, 조선을 대표하는 궁궐 그림

2 궁궐의 위엄을 보여 주다
– 창덕궁에는 무엇이 있을까?

1) 들어가는 문 · 24
　돈화문, 금천교
2) 나랏일을 보는 정치 공간, 외전 · 30
　인정전, 선정전, 희정당

■ 인정전에서 눈여겨볼 것 · 34

3) 왕과 가족의 생활 공간, 내전 · 42
　대조전, 경훈각, 성정각, 낙선재
4) 신하들이 일하는 관청, 궐내 각사 · 52
　규장각, 예문관, 내의원, 홍문관

구슬이 서 말이라도
꿰어야 보배

3 문화가 담기다
– 창덕궁 후원에는 어떤 아름다움이 있을까?

1) 부용지와 주합루 일대 · 58
   부용정, 규장각, 주합루, 영화당, 춘당대
2) 애련지와 연경당 일대 · 64
   애련정, 의두합, 운경거, 연경당
3) 존덕정과 관람지 일대 · 68
   존덕정, 폄우사, 관람정
4) 옥류천 일대 · 72
   소요정, 청의정, 태극정, 농산정

📖 창덕궁에서 눈여겨볼 것 · 76

4 파란만장한 역사를 겪다
– 창덕궁에서는 무슨 일이 있었을까?

1) 불타고 버려지는 수난을 당하다! · 80
2) 개화기의 혼란 속에 청나라 군대가 들어오다! · 85
3) 조선 왕조의 마지막을 지켜보다 · 88
4) 일본이 크게 훼손하고 망가뜨리다 · 91
5) 복원하고 가꿔서 세계 문화유산에 등록되다 · 92

📖 똑똑한 역사 읽기 · 94

둥! 둥! 둥! 신문고를 울릴 수 있었을까?
창덕궁 돈화문 밖에서 노비 문서를 불태워라!
창덕궁의 역사

들어가는 말

한결아.

아빠가 너와 함께 역사 여행을 떠난다고 생각하니 벌써부터 마음이 설레는구나. 사실 아빠는 네가 태어난 그 순간부터 이런 날이 오기를 손꼽아 기다리고 있었단다. 역사는 곧 우리가 지금 여기에 있게 된 과정이고, 앞으로 태어날 네 아이들이 이어갈 미래이기 때문이지.

지금은 이렇게 말하지만 솔직히 어렸을 적 아빠는 역사를 그다지 좋아하지 않았어. 사건은 복잡하고, 인물은 많고, 시대는 계속 변하고, 연표는 아무리 외워도 머릿속에 쏙쏙 들어오지 않았거든.

그러나 이제 와서 생각해 보면 역사는 그렇게 달달 외우면서 싫어할 것도, 어렵다며 내팽개칠 것도 아니었어. 그보다는 우리가 반드시 알고 본보기로 삼아야 할 '거울'이었지. 똑같은 잘못을 되풀이하지 않도록 지나간 역사를 바르게 알고 교훈으로 삼는 게 중요했는데, 그걸 몰랐던 거야.

아빠는 어떻게 하면 네가 역사를 자연스럽게 받아들이고 좋아할 수 있을까 고민했어. 그러다가 세계 문화유산을 만나게 되었지. 세계 문화유산은 전 세계 인류가 보호해야 할 가치가 있는 유산으로 역사 유적이나, 건축물 그리

고 문화재적 가치를 지닌 유적지 등이 해당돼. 우리나라는 창덕궁, 수원 화성, 종묘, 남한산성, 백제 역사 유적 지구 등 모두 12개가 등록되었지.

　아빠와 함께 하는 이번 세계 문화유산 여행은 창덕궁이야. 창덕궁은 경복궁에 이어 두 번째로 지어진 궁궐인데, 자연 지형에 따라 자연스럽게 건물을 배치했어. 조선 시대 임금들은 아름답고 편안한 창덕궁에서 지내는 걸 무척 좋아했어. 조선 초기에는 나라의 큰 행사는 경복궁에서 치렀지만 일상생활은 창덕궁에서 했지. 그러다가 임진왜란 때 경복궁이 불에 타 버리자 크고 작은 나랏일을 비롯하여 거의 모든 생활을 창덕궁에서 했어. 창덕궁이 조선 후기 정치와 문화의 중심이 된 거야.

　자, 그럼 조선 시대 최고의 궁궐, 창덕궁을 찾아가 볼까?

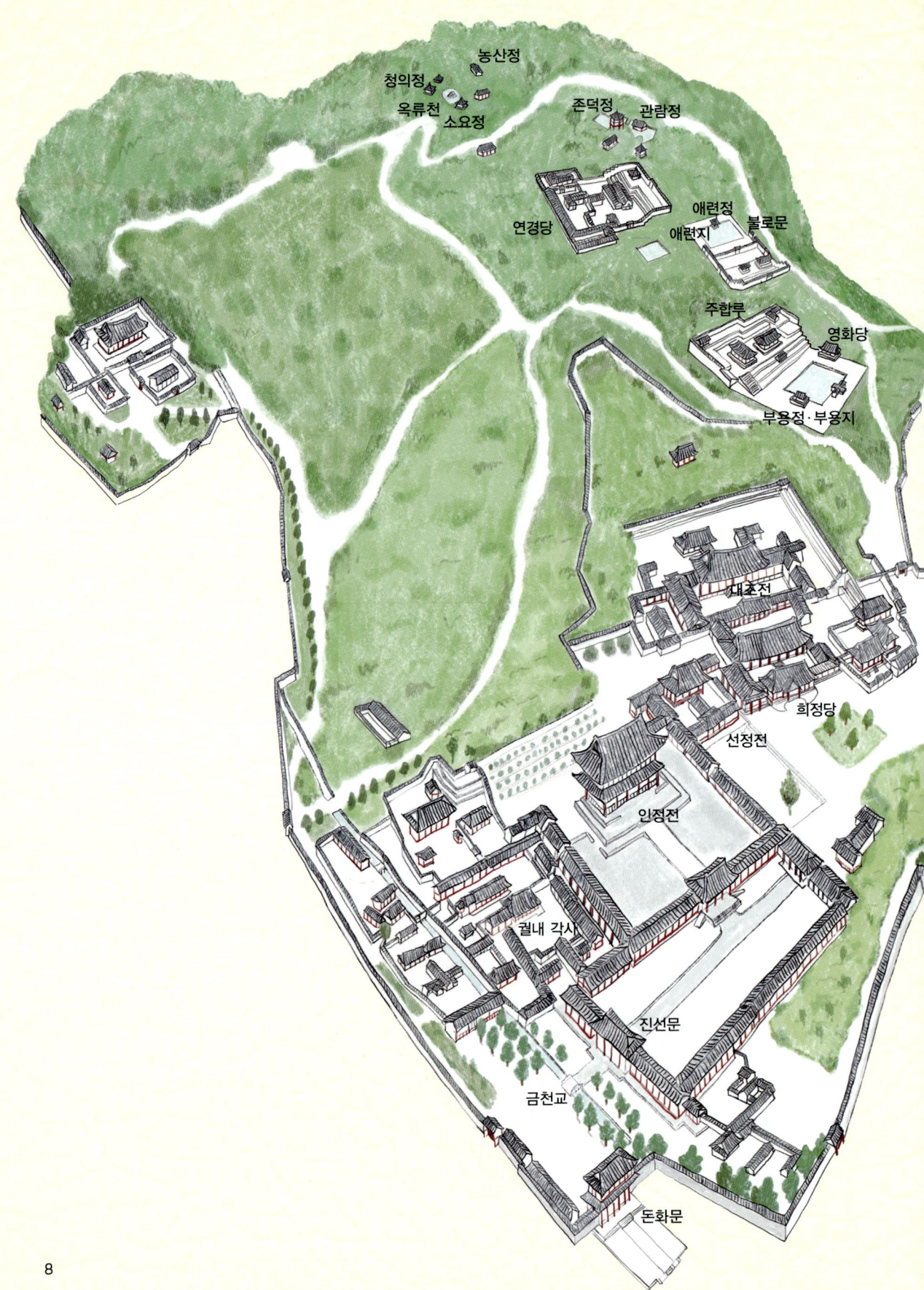

창덕궁 둘러보기

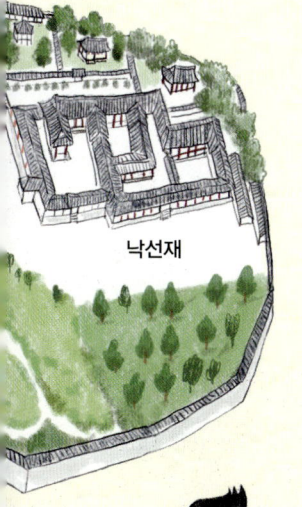

낙선재

자연을 닮은 궁궐, 창덕궁이 한눈에 보이나요?
창덕궁은 오늘날 남아 있는 조선의 궁궐 가운데
원형이 가장 잘 보존되어 있고,
무엇보다 한국의 정서가 잘 표현되어
1997년 유네스코 세계 문화유산으로 등록됐어요.
창덕궁은 궁궐의 건축물 하나하나도 모두 훌륭하지만
북악산 응봉 자락을 따라 산세를 고스란히 살린
아름다운 후원으로 더 유명해요.
옛 선조들이 만든 정자와 연못, 괴석 등이
자연과 어우러져 자연미의 극치를 자랑하는
창덕궁을 만나러 떠나 보아요.

저는 아빠와 함께 지도를 보며 순서를 정했어요. 쉴 곳에서 쉬면서 요목조목 모두 둘러보려고요.
돈화문 ➡ 금천교·진선문 ➡ 인정전 ➡ 궐내 각사 ➡ 선정전 ➡ 희정당 ➡ 대조전 ➡
낙선재 ➡ 부용정·부용지 ➡ 영화당·주합루 ➡ 불로문 ➡ 애련지·애련정 ➡ 연경당
➡ 관람정·존덕정 ➡ 옥류천 ➡ 청의정 ➡ 농산정

아는 만큼 보여요

아는 만큼 보인다는 말 들어 본 적 있을 거야. 아무리 중요한 유물이나 유산이라도 잘 알지 못하면 수박 겉핥기처럼 겉모습만 보고 진짜 중요한 것을 놓치고 말지. 그래서 이번 마당에서는 창덕궁이 어떤 궁궐인지, 누가 왜 지었는지, 창덕궁의 어떤 면 덕분에 세계문화유산으로 등록되었는지 알아보려고 해.

I. 조선 왕들의 사랑을 받다
 - 창덕궁은 어떤 궁궐일까?

1) 형제들의 피로 얼룩진 경복궁에 어찌 들어가랴

서울에 조선 시대 궁궐이 몇 개나 남아 있는지 아니? 경복궁, 창덕궁, 창경궁, 덕수궁, 경희궁 이렇게 다섯 개가 남아 있어. 이 중에 경복궁은 조선을 대표하는 궁궐이야. 고려를 무너뜨리고 조선을 세운 이성계가 수도를 개경에서 서울로 옮기면서 조선의 정궁인 경복궁을 지었어.

그런데 이 경복궁을 짓고 10년 뒤인 1405년에 세 번째 임금인 태종 이방원이 창덕궁을 지었단다. 경복궁에 이어 조선의 두 번째 궁궐이 지어진 거

창덕궁 인정문에서 바라본 인정전

지. 경복궁을 지은 지 얼마 되지도 않았는데 이방원은 왜 또 창덕궁을 지었을까? 물론 임금들은 필요에 따라 궁궐을 더 지을 수 있었어. 살고 있는 궁궐이 좁으면 넓힐 수도 있고, 불이 나거나 천재지변과 같은 사고가 날 때를 미리 대비하는 거지.

창덕궁도 그런 의미로 지어졌어. 하지만 이방원이 창덕궁을 지은 데는 또 다른 이유가 있었지. 조선을 세운 초기에는 나라가 아직 안정되지 않고 질서가 바로잡히지 않았어. 그런 틈에 왕자들이 임금의 자리를 서로 차지하려고 싸움을 한 거야. 이방원과 왕자들 사이에 무슨 일이 있었는지 좀 더 알아볼까?

이방원은 조선을 세운 태조 이성계의 다섯째 아들이야. 아버지를 도와 조선을 세우는 데 누구보다 큰 공을 세웠지. 그런데 아버지 이성계가 막내인 여덟째 아들에게 왕위를 물려주려고 했어. 이방원은 화가 나서 난을 일으켜 일곱째와 여덟째 동생을 없애 버렸어. 그리고 둘째 형을 왕위에 앉혔는데, 이 분이 바로 조선 두 번째 임금인 정종이야.

정종은 왕위에 올랐지만 동생들이 죽은 경복궁이 싫었어. 그래서 어머니의 무덤이 있는 개경으로 갔지. 고려의 수도였던 개경에는 고려 왕조의 궁궐이었던 수창궁이 있었거든. 정종이 개경에 가 있는 사이 경복궁에서는 또 다른 싸움이 벌어졌어. 이번에는 넷째 형이 왕위에 욕심을 낸 거야. 이방원은 넷째 형마저 없애 버렸어. 위협을 느낀 정종은 개경에서 이방원에게 왕위를 물려주었어. 왕이 된 지 2년 만이었지.

태조 조선 1대 왕

방우
난 첫째 아들이지만 지병으로 일찍 죽었어.

방과
내가 조선의 2대 왕, 정종이야.

방의
난 왕위를 탐내지 않고 중립을 지켰어.

방간
방원과 왕위를 다투다 폐한 뒤, 유배지를 전전하다 죽었어.

방원
에헴, 내가 조선 3대 왕 태종이지! 왕위에 오르기 위해 형제를 여럿 죽여서 경복궁엔 살기 싫다고.

방연
나도 일찍 죽어서 기록이 별로 없어.

방번
동생과 함께 열여덟 살에 방원에게 살해됐어.

방석
세자로 책봉되지만, 방원에게 살해됐어.

이방원은 왕이 되었지만 마음이 불편했어. 형과 동생들을 죽인 경복궁으로 돌아가고 싶지 않았던 거야. 그래서 경복궁은 위치가 좋지 않다는 이유를 들며 새로 창덕궁을 짓도록 명령했어. 두 번째로 짓는 창덕궁은 경복궁처럼 권위와 위엄을 보여 주거나 궁궐 짓는 원칙에 따라 딱딱하게 지을 필요가 없었어. 그보다는 자유롭고 편안한 궁궐이 필요했지. 그래서 산자락을 따라 자연스럽게 건물을 배치하고, 자연 그대로의 모습을 간직한 후원을 만들었어. 아름답고 편안해서 사랑받는 궁궐, 창덕궁이 만들어진 거야.

2) 자연과의 조화를 생각하다

　조선 시대 궁궐 중에서 임금들이 가장 좋아했던 궁궐은 어디일까? 바로 창덕궁이야. 창덕궁은 500년이 넘은 조선 역사를 통틀어 가장 오랫동안, 가장 많은 임금이 살았어. 그렇게 된 데에는 다 이유가 있겠지?

　창덕궁에는 다른 궁궐과는 구별되는 특별한 점이 있어. 바로 아름다운 자연환경이야.

　먼저, 창덕궁은 자연을 훼손하지 않고 자연 지형에 따라 건물을 지었어. 산을 깎거나 밀기보다 산자락 아래 산과 어울리게 건물들을 배치했지. 골짜기는 골짜기대로 언덕은 언덕대로 자연을 있는 그대로 살리면서 건물들이 자연과 조화를 이루도록 만들었어.

　그리고 뒤쪽에 후원을 가꾸었는데, 따로 정원을 만든 게 아니라 원래 있던 산을 그대로 이용했어. 산에 꽃과 나무를 심고 연못을 파고 정자를 지어 정원으로 가꾼 거지. 그러다 보니 가끔 호랑이가 나타났을 정도로 깊은 산이 그대로 보존되었고 우거진 수풀을 간직할 수 있었어. 이렇게 자연을 간직한 창덕궁의 후원은 임금들의 휴식처이자, 우리나라 대표적인 정원이 되었지.

　이런 궁궐과 후원을 우리 조상들은 어떻게 생각해 내고 지을 수 있었을까? 그것은 예로부터 자연과의 조화를 생각해온 조상들의 지혜가 있어 가능했어. 우리 조상들은 자연을 무척 중요하게 여기고 자연과 함께 살려고 노

나도 반했어! 어흥~

력했어. 자연을 개발하기보다 고맙게 여기고 보호하려고 애썼지. 그런 평소의 생활 태도가 창덕궁을 짓는 데도 반영되었던 거야.

창덕궁은 조선 시대 궁궐들 가운데 그 본모습을 가장 잘 간직하고 있고, 자연과 조화를 이룬 아름다운 후원이 높이 평가되어 1997년 유네스코 세계 문화유산*으로 등록되었단다.

유네스코 세계 유산 선정을 알리는 안내문

● 유네스코 세계 유산은 '세계 문화 및 자연 유산 보호 협약'에 따라 유네스코가 인정한, 전 세계 인류가 공동으로 보존해야 할 가치를 지닌 중요한 유산을 말해요. 문화유산·자연 유산·복합 유산으로 나뉘어요.

똑똑한 역사 읽기

조선의 5대 궁궐

현재 서울에는 조선 시대 임금이 살았던 5대 궁궐이 남아 있어. 경복궁, 창덕궁, 창경궁, 덕수궁(경운궁) 그리고 경희궁이지.

경복궁

경복궁은 태조 이성계가 조선을 세우면서 처음으로 지은 궁궐이야. 1395년에 완성되었어. 이곳에서는 지금 우리가 쓰고 있는 한글을 비롯하여 조선의 기본법인 경국대전이 만들어졌고, 측우기 등 수많은 과학 발명품이 만들어졌어. 하지만 처음 지어진 경복궁은 임진왜란 때 불에 타 버렸어. 현재 우리가 볼 수 있는 경복궁은 고종 때 흥선대원군이 고치거나 다시 지은 거야.

경희궁

경희궁은 광해군이 세운 것으로 원래 이름은 경덕궁이었어. 영조가 이름을 경희궁으로 바꾸었지. 경희궁은 '조선의 3대 궁궐'로 불릴 만큼 크고 웅장했는데, 일제 강점기 때 크게 파괴되었어. 건물 대부분이 헐리거나 팔려 나가 폐허가 되었지. 1980년 이후에 건물 일부가 복원되어 궁궐의 모습을 조금이나마 되찾게 되었단다.

● **창덕궁**

창덕궁은 태종 이방원이 1405년에 지은 궁궐이야. 조선 시대 임금들이 가장 오래 살았던 궁궐이고, 해방 후 왕실 가족들이 마지막까지 살았던 곳이지. 경복궁의 동쪽에 위치해서 창경궁과 함께 동궐로 불렸어. 후원의 아름다움은 세계에까지 널리 알려졌는데 소박하면서도 빼어난 자연 풍경을 자랑한단다.

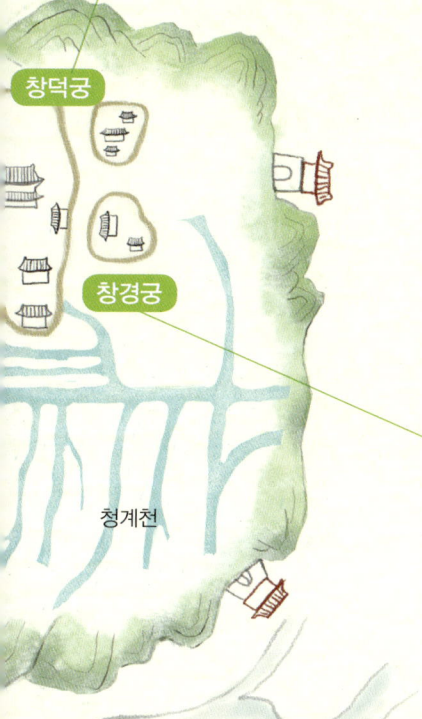

● **창경궁**

창경궁을 지은 왕은 세종과 성종이야. 세종은 아버지 태종을 모시려고 지금의 창경궁 자리에 '수강궁'을 지었고, 성종은 할머니, 어머니를 모시려고 창덕궁 바로 옆에 창경궁을 지었어. 창경궁은 일제 강점기 때, 조선 총독부가 동물원으로 만들어 '창경원'으로 이름을 바꾸는 아픔을 겪기도 했단다.

● **덕수궁**

덕수궁은 성종의 형 월산 대군의 집이었어. 임진왜란 때 피난에서 돌아온 선조가 잠시 머물기도 했지. 그 뒤로 광해군이 살다가 거처를 창덕궁으로 옮겨가면서 '경운궁'이라 불렀어. 일제의 강요로 고종이 왕위에서 물러날 때, 순종이 '오래오래 사시라'는 뜻으로 '덕수'라는 이름을 올려 덕수궁이 되었단다.

똑똑한 역사 읽기

동궐도, 조선을 대표하는 궁궐 그림

창덕궁을 살펴보는 데 도움을 주는 아주 귀한 자료가 있어. 바로 동궐도야. 동궐도는 창덕궁과 창경궁의 전체 모습을 16책의 화폭에 그린 거래. 전부 펼치면 가로 576센티미터, 세로 273센티미터나 되는 어마어마하게 커다란 그림이지. 비단 바탕에 채색했는데, 1830년 이전에 궁중 화원들이 그린 것으로 보고 있어. 넓고 화려한 궁궐의 모습을 마치 위성 사진으로 찍은 듯이 입체적으로 보여 주지.

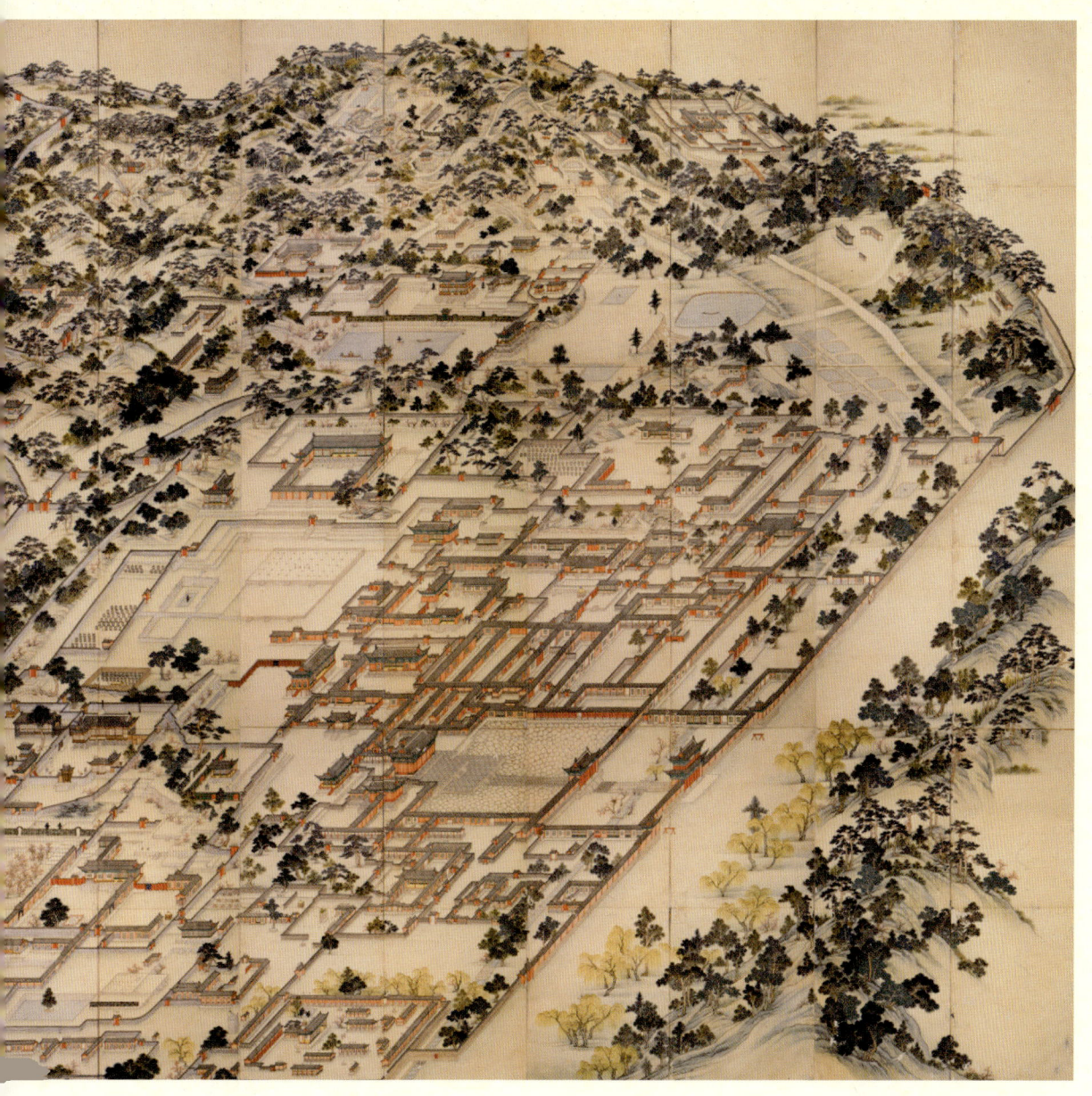

당시 궁궐 안에 있던 모든 건물과 정자를 세세하고 정확하게 그림으로 그렸어. 그리고 궁궐 안의 다리, 나무, 바위, 계곡, 우물 등도 사실적으로 표현했지. 궁궐을 둘러싸고 있는 다양한 담장의 모습도 찾아볼 수 있어.

동궐도는 조선 시대 궁궐의 배치와 짜임새 그리고 건축물들을 파악하고 연구하는 귀중한 자료라고 하니 다시 한번 눈여겨보면 좋겠지?

백 번 듣는 것보다 한 번 보는 게 나아요

아무리 설명을 들어도 직접 가서 보는 것만은 못하겠지? 이번 마당에서는 창덕궁의 정문인 돈화문으로 들어가서 임금이 나라의 행사를 치르고 신하들과 정치를 했던 공간, 왕비와 가족들이 생활했던 공간, 신하들이 일했던 여러 관청들을 둘러보고, 마지막으로 아름다운 후원을 구경할 거야.

2. 궁궐의 위엄을 보여 주다
- 창덕궁에는 무엇이 있을까?

1) 들어가는 문

이제 창덕궁 안으로 들어가 볼까? 돈화문을 지나 오른쪽에 있는 돌다리 금천교를 건너면 비로소 임금이 계시는 창덕궁에 들어서는 거란다. 돈화문과 금천교는 임금이 계신 곳으로 들어가는 준비 과정이라고 할 수 있어. 임금을 만나기 전에 마음가짐을 바르게 하는 거지. 자, 그럼 돈화문부터 살펴보자.

● 조선 시대 가장 오래된 궁궐 정문 돈화문

　우리가 어느 집을 방문할 때 가장 먼저 들어가야 하는 곳은 대문이지. 대문을 지나 마당을 거쳐 집 안으로 들어가. 그것처럼 창덕궁에 들어가기 위해서는 우뚝 솟은 큰 문을 지나야 해. 이 문이 창덕궁의 정문인 돈화문이야. 돈화문은 서울에 있는 궁궐 정문 가운데 가장 오래된 문인데, 크기도 하고 높기도 하단다.

　먼저 문이 몇 칸인지 세어 볼까? 양쪽에 막아 둔 문까지 합하면 다섯 칸이네. 이렇게 양쪽 문을 막아 세 칸만 사용한 것은 조선이 강대국인 중국의 눈치를 봐야 했기 때문이야. 당시 다섯 칸 대문은 중국의 황제만 사용할 수 있었어. 그래서 조선의 궁궐 정문은 모두 세 칸으로 지었지. 하지만 창덕궁을 지은 태종은 다섯 칸짜리 돈화문을 지었고, 조선 시대 임금들은 다섯 칸 대문 중 세 칸만 사용하면서 중국과의 관계를 원만하게 유지했어. 조선의 자주 의식을 엿볼 수 있는 대목이지.

　이번에는 문의 높이를 보렴. 아마 2층이라 고개를 뒤로 젖혀야 할 거야. 보통의 2층 높이보다 높게 느껴지는 것은 한 칸, 두 칸, 세 칸 기단을 쌓아 바닥을 높였기 때문이란다. 우리가 높은 하늘을 우러러보듯이 돈화문도 우러러보게 만든 거지. 이처럼 크고 웅장한 돈화문에는 누가 드나들었을까? 가운데 문은 왕만 다닐 수 있는 문이야. 좌우의 문은 나라에 큰 행사가 있을 때 벼슬이 높은 관료들이 드나들었어. 그럼 평소 궁궐을 드나드는 신하들은 어디로 다녔냐고? 담장 왼쪽에 있는 금호문으로 다녔단다.

　지금 우리가 보고 있는 돈화문은 광해군 때 다시 지은 것이야. 태종 때 지어진 돈화문은 임진왜란 때 불에 타 버렸거든. 자, 그럼 돈화문 안으로 들어가 보자.

현판
문이나 벽에 글자나 그림을 새겨서 달아 놓은 것을 현판이라고 해. 조선의 궁궐에는 나라와 백성이 번창하라는 뜻을 담아 '화(化)'자가 들어간 현판이 많아.

돌계단
일제 강점기에 일본인들이 자동차를 타고 드나들려고 흙으로 덮었던 계단을 다시 복원했어.

● 조선 시대 가장 오래된 궁궐 돌다리 **금천교**

돈화문을 들어오면 오른쪽에 돌다리가 있어. 이 돌다리를 금천교라고 부르지. 다리 아래로 비단처럼 깨끗한 물이 흘러 금천교야.

이 금천교는 1411년 태종 때 건설되었어. 돌로 만들어졌기 때문에 수많은 화재에도 견뎌 낼 수 있었지. 지금은 물이 흐르지 않지만 궁궐을 자세하게 그린 〈동궐도〉에는 금천 가득히 시냇물이 흐르고 있어. 불이 났을 때는 이 금천의 물로 불을 끄기도 했다는구나.

궁궐 안에 왜 이런 돌다리가 놓였을까? 두 가지 의미가 있는데 하나는 신하의 마음을 깨끗하게 씻으라는 의미야. 맑고 바른 마음으로 임금을 만나야 나라가 잘되고 백성들이 편안하다는 뜻이지.

또 하나는 궁궐로 들어오는 모든 나쁜 기운이나 악귀를 물리친다는 의미야. 여기 다리 모서리와 난간을 보렴. 신기하게 생긴 동물들이 조각되어 있지? 이곳을 지키는 상상 동물들이란다. 모서리에는 산예라는 상상 동물을, 난간에는 돌거북 현무와 돌로 만든 해태를 조각하여 지키게 했어. 이렇게 다양한 상상 동물들을 금천교에 조각해 넣고 이 동물들이 창덕궁을 지켜 준

다고 믿으며 창덕궁의 안녕과 평화를 기원했던 거야.

그런데 이 상상의 동물들 표정 좀 봐. 하나같이 귀엽고 친근하지 않니? 무릇 악귀라면 우락부락 험악해도 도망칠까 말까 할 텐데 장난스럽게 웃고 있어. 그래서야 악귀를 물리칠 수 있을까? 아마 금천교를 만드는 석공은 힘보다 여유 있는 미소가 더 세다고 생각한 것 같아. 진짜 강한 것은 겉으로 드러난 표정이 아니라 안에 담긴 자신감이라는 거지. 상상 동물들은 속으로 이런 말을 하고 있을지도 몰라.

"들어올 테면 들어와 봐라. 너는 내 손 안에 있다!"

이제 금천교를 건너 볼까?

해태
시비 선악을 판단할 줄 안다는 상상의 동물.

귀면
귀신 얼굴. 귀신을 쫓을 목적으로 만듦.

2) 나랏일을 보는 정치 공간 외전

금천교를 지나면 이제 진짜 왕을 만나러 가는 기분이 들 거야. 창덕궁에서 왕이 신하들과 정치를 했던 곳은 인정전, 선정전, 희정당이지. 이곳에서 왕은 신하들과 의식을 거행하고, 정치와 학문을 의논했어. 자, 그럼 인정전부터 살펴볼까?

● 창덕궁의 으뜸 건물 인정전

인정전은 창덕궁에서 가장 중요한 건물이야. 나라의 중요한 행사들이 펼쳐졌던 곳이지. 그래서 임금의 권위와 위엄이 드러나도록 두 단의 월대를 쌓고 그 위에 크고 웅장하게 지었어.

자, 인정전을 올려다 보렴. 몇 층으로 보이니? 겉으로 보기에는 2층이지만

실제 건물 내부는 화려하고 높은 천장이 있는 1층이야. 1층이 2층으로 보일 만큼 높게 지어 품위를 높인 거지.

그럼 인정전에서는 어떤 행사들이 펼쳐졌을까? 왕의 즉위식, 왕과 왕비의 결혼식, 외국 사신 맞이, 임금에게 올리는 새해 인사 등이 열렸어.

그중 왕의 즉위식을 한번 알아볼까? 이곳 인정전 마당에서 왕위에 오른 왕은 모두 여덟 분이야. 연산군, 효종, 현종, 숙종, 영조, 순조, 철종, 고종이지.

임금은 왕위에 오를 때 9가지 문양이 장식된 구장복을 입고 머리에는 면류관을 쓰고 옥좌에 앉았어.

구장복: 9가지 문양으로 장식된 왕의 옷

신하들은 금관 조복을 입고 인정전 마당에 죽 늘어섰지. 이때 인정전 분위기는 어땠을까? 매우 슬프고 엄숙했대. 선왕이 돌아가셔서 장례를 치르던 중이었기 때문이지. 왕의 자리를 오래 비워 둘 수 없어 상중이지만 즉위식을 거행한 거야.

그럼 다른 행사는 어땠을까? 그건 지금 우리가 하고 있는 삼일절 행사나 8·15 광복절 행사를 생각하면 돼. 나라의 공식 행사는 대체로 의식에 따라 엄숙하게 진행하지. 그때도 마찬가지였어. 임금은 인정전 정중앙에서 신하들을 내려다보고 신하들은 줄을 맞춰 서서 의식을 거행했어. 이렇게 나라의 공식 행사를 진행했던 인정전은 행사가 있을 때만 사용하고 행사가 없을 때는 비워 두었어. 지금 우리가 보고 있는 인정전은 1804년(순조 4)에 다시 지은 건물이란다.

자연과 어우러지는 창덕궁의 건물 배치

대부분의 옛 궁궐은 정문에서 정전까지 일직선으로 건물을 배치해요. 경복궁만 봐도 중앙 축을 중심으로 정문과 금천교, 정전이 직선을 이루지요. 하지만 창덕궁은 땅의 생김새에 따라 건물이 자유롭게 흩어져 있어요. 심지어 궁궐의 정문과 정전이 완전히 틀어져 있지요. 왜 그런 걸까요? 창덕궁은 매봉의 비스듬한 기슭에 자리 잡았는데, 우리 선조들은 건물의 형식보다는 자연과 어우러지는 아름다움을 더 중시했어요. 이 덕분에 창덕궁은 다른 동양의 궁궐에서는 찾아보기 힘든, 한국만의 독특한 궁궐 건축 배치를 보여 주고 있지요.

무신진찬도: 헌종이 대왕대비의 육순과 왕대비의 망오(41세가 되는 것)를 기념하여 창덕궁 인정전에서 축하연을 베푸는 장면이 담겨 있어요.

인정전에서 눈여겨볼 것

품계석 삼도의 좌우로는 돌로 된 품계석이 서 있어. 행사 때 신하들은 자신의 벼슬에 따라 품계석 뒤에 줄지어 섰지.

박석 조정에는 얇고 넓적한 박석이 깔렸어. 박석은 물이 잘 빠지고 미끄러지지 않도록 일부러 울퉁불퉁하게 만들었단다.

삼도 조정 한가운데는 왕이 다니는 '어도'가 있는데 양쪽 길에 비해 약간 높고 넓어. 어도 왼쪽은 '무관의 길'이고, 오른쪽은 '문관의 길'이야. 이 세 길을 합쳐 삼도라고 한단다.

> 인정전 앞의 너른 마당을 조정이라고 해. 임금과 신하들이 조회를 하는 뜰이란 뜻이지.

월대 마당과 인정전 건물 사이에는 돌을 쌓아 만든 두 개의 단이 있는데, 이 단을 월대라고 해. 월대 중앙과 양 측면 돌계단 끝에는 동물 머리가 조각되어 있고, 가운데 넓은 돌에는 봉황 한 쌍이 새겨져 있어.

드므 월대 양쪽 끝에는 드므가 있어. 드므는 궁궐에 불이 났을 때를 대비해 물을 담아둔 커다란 항아리야. 드므에는 불귀신이 불을 내려왔다가 드므에 비친 자신의 모습을 보고 놀라 도망간다는 이야기가 전해진단다.

쇠고리 바닥에는 커다란 쇠고리가 있어. 쇠고리는 행사를 할 때 햇빛을 피하기 위해 치는 천막을 매달던 고리란다.

인정전에서 눈여겨볼 것

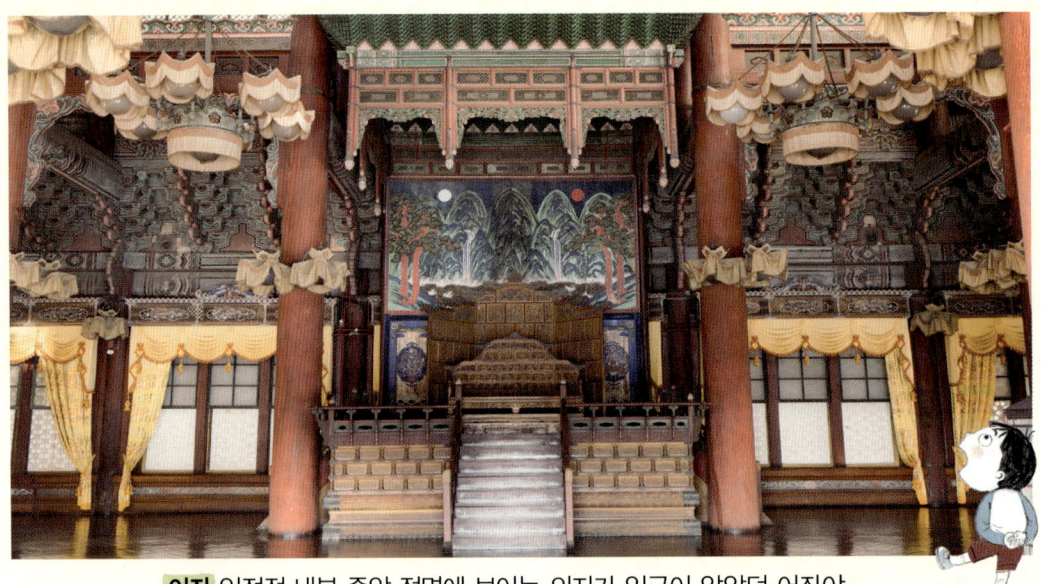

어좌 인정전 내부 중앙 정면에 보이는 의자가 임금이 앉았던 어좌야.

잡상 인정전 지붕 추녀마루에 줄줄이 놓여 있는 동물 모양 조각상은 잡상이야. 잡상은 장식 기와인데 악귀를 막아 준다는 의미가 있어.

용두 잡상을 장식할 때 가장 안쪽에는 용머리가 있어.

손행자 삼장 법사 바로 뒤는 손오공이야.

치미 궁궐 지붕의 용마루 양 끝에 있는 짐승 모양 장식이 치미야. 망새라고도 부르지. 옛날 궁궐들은 높은 언덕에 목재로 지어서 번개가 치면 불이 많이 났어. 치미는 화재를 막기 위한 목적으로 만들었다고 짐작해.

일월오봉도 양쪽에 있는 해와 달은 왕과 왕비를 상징해. 그 아래 다섯 개의 산봉우리는 우리나라의 동, 서, 남, 북, 중앙의 다섯 산을 가리키며 국토를 뜻하지.

일월오봉병 어좌 뒤에는 일월오봉병이라는 병풍이 둘러쳐져 있어. 해와 달 그리고 다섯 개의 봉우리가 그려져 있지.

봉황 인정전 천장 한가운데는 봉황을 조각해서 임금이 있는 곳이라는 걸 표현했어.

대당사부 잡상 중 맨 앞에 있는 건, 서유기에 나오는 삼장 법사야.

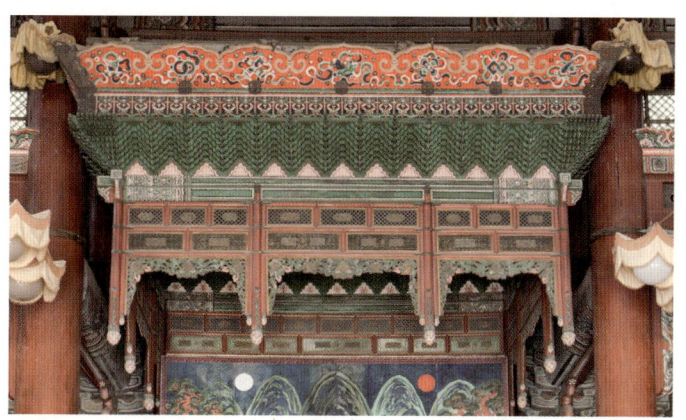

보개 어좌 위에 보이는 별도의 천장은 보개야. 임금의 자리라는 걸 보여 주는 보개 천장은 아주 화려하고 섬세하게 장식되어 있어.

● 창덕궁의 유일한 청기와 건물 선정전

인정전 옆에 있는 청기와를 얹은 건물이 선정전이야. 창덕궁에서 유일하게 청기와 지붕을 하고 있어서 쉽게 눈에 띄지. 왜 선정전만 청기와를 덮었을까? 그건 조선 시대 청기와 값이 비쌌기 때문이야. 비싼 청기와를 여러 건물들에 올릴 수 없으니까 임금이 집무를 보는 선정전에만 올려 돋보이게 만든 거지.

이제 선정전 안을 들여다보자. 안쪽 중앙에 어좌가 놓였네. 임금은 어좌에 앉아 신하들에게 업무를 보고 받고, 정치와 학문을 의논했어.

임금은 신하들과 어떤 토론을 벌였을까?

선정전은 "정치와 가르침을 널리 펼친다." 라는 뜻을 담고 있어.

흉년이 들었으니 세금을 줄여야 한다, 어느 지역에 도둑이 들끓는다, 무과 시험에서 부정이 있었다, 중국에 사신을 보내야 한다는 등 수많은 의견과 토론이 오고 갔어.

영조는 이곳에서 신하들에게 탕평책의 포부를 밝혔단다. 탕평책은 인재를 골고루 등용하는 정책인데 신하들이 무리 지어 서로 다투는 것을 막기 위해서였어.

이렇게 임금이 토론도 하고 정책도 결정하려면 가까이에 신하들이 있어야겠지? 그래서 조선 시대에는 선정전 근처에 신하들이 모여 기다리기도 하고, 회의도 하는 건물들이 많이 있었어. 하지만 일제 강점기에 모두 없어지고 지금은 빈터만 남았지.

● **서양식으로 바뀐 건물 희정당**

　선정전 동쪽에 있는 단청이 화려한 건물은 희정당이야. 희정당은 원래 왕이 먹고 자고 쉬는 생활 공간이었으나, 나중에는 선정전과 함께 업무를 보는 공간으로 사용되기도 했어. 선정전이 공식적인 업무를 보는 곳이라면 희정당은 편안하게 이야기를 나누는 장소였지.

　희정당에서는 어떤 이야기들이 오갔을까?

　어느 날 현종은 여러 신하를 희정당으로 불렀어.

　"큰비가 온 뒤에 갑자기 가뭄이 찾아오니 올해 농사도 매우 걱정스럽습니다."

　영의정 말에 현종이 입을 열었지.

　"얼마 전에는 장맛비가 열흘 넘게 쏟아졌는데 지금은 너무 가물어 비가 올 듯하면서 오지 않으니 참으로 답답하다."

이처럼 형식에 얽매이지 않는 자연스러운 대화가 많았던 희정당에서 조선의 수많은 정책이 결정되었단다. 딱딱한 분위기의 회의실보다 포근한 생활 공간에서 나누는 대화가 서로의 마음을 열게 했던 거지.
　그러나 지금의 희정당은 원래의 모습이 아니야. 1917년 창덕궁에 원인 모를 불이 나서 희정당을 비롯하여 많은 건물이 불에 타 버렸거든. 조선 총독부는 경복궁에 있는 왕의 침전인 강녕전을 뜯어다 희정당을 지었어. 그 바람에 희정당은 높은 돌기둥 위에 누각처럼 세워졌던 본래 모습을 잃고 서양식으로 바뀌고 말았어. 창에는 유리를 끼우고 바닥에는 붉은 카펫을 깔았지. 또 마차와 자동차가 쉽게 들어올 수 있도록 돌출 현관을 설치했단다.

희정당의 현관은 전통 궁궐과는 달리, 마차나 차에서 내려 실내로 들어갈 수 있도록 만든 돌출 출입구야.

3) 왕과 가족의 생활 공간 내전

궁궐에는 왕과 왕실 가족들이 생활하는 공간이 있어. 내전 또는 침전이라 부르는데, 창덕궁에는 대조전, 경훈각, 성정각, 그리고 마지막 황실 가족이 생활했던 낙선재 등이 있단다.

왕의 생활 공간으로 자리를 옮겨 볼까?

● 왕비의 생활 공간 대조전

회사 일을 마친 아빠가 집에 돌아오는 것처럼 선정전이나 희정당에서 업무를 마친 임금이 돌아가서 쉬는 곳이 있어. 바로 왕비가 생활하는 대조전이지.

대조전은 희정당에서 행각으로 이어져 있어. 행각은 복도처럼 생긴 통로로, 일을 마친 임금이 곧바로 대조전으로 갈 수 있는 길이야. 비나 눈이 와도 몸이 젖지 않고 이동할 수 있어 편리하지.

희정당에서 대조전으로 이어지는 행각

자, 그럼 대조전 건물을 살펴볼까? 선정전에는 청기와를 얹었고, 희정당에는 단청이 눈에 띄었어. 대조전에는 어떤 특징이 있을까? 그래, 지붕 꼭대기에 용마루가 없다는 거지. 용마루는 지붕 가운데에 있는 가장 높은 수평 마루야. 대조전에 용마루가 없는 것은 임금이 용이라는 생각이 있었기 때문이야. 왕과 왕비가 주무시고, 다음 왕위를 이을 왕자를 생산하는데 지붕 위에서 용의 기운이 내리누르면 좋지 않다고 생각한 거지.

그럼 대조전에서는 누가 태어났을까? 제23대 순조의 아들인 효명 세자가 태어났어. 효명 세자는 순조의 명령으로 대리청정을 하면서 인재를 널리 등용하고 백성들을 위한 정책을 펼쳐 나갔지. 그러나 불행하게도 대리청정을 한 지 4년 만에 죽고 말았어. 훗날 아들 헌종이 왕위에 올라 익종으로 이름을 높여 불렀는데, 효명 세자의 흔적은 창덕궁 곳곳에서 만날 수 있어.

이렇게 대조전에서는 왕위를 이을 왕자가 태어나기도 하고, 성종, 인조, 효종, 철종 임금이 돌아가시기도 했어. 조선의 마지막 황제 순종은 대조전 동쪽의 흥복헌에서 승하하셨지.

　대조전 역시 여러 차례 화재를 겪으면서 다시 짓기를 반복했는데, 1917년에 또다시 큰불이 나서 타고 말았어. 지금 우리가 보고 있는 대조전은 1920년에 경복궁 교태전을 뜯어다 다시 지은 거야. 이때 내부를 완전히 서양식으로 바꿔 버렸지. 현재 내부 모습은 대한 제국 마지막 시기 황실 가족이 생활했던 모습이란다.

● 아궁이에 부뚜막이 없는 **경훈각**

대조전을 지나면 왕과 왕비가 드실 음식을 만드는 수라간이 나와. 임금과 왕비가 드실 음식을 만드는 곳이지. 지금 보고 있는 이 수라간은 조선 시대 모습이 아니야. 1921년에 수도와 오븐을 설치하는 등 현대식으로 바꾸었지.

수라간을 지나 대조전 뒤쪽으로 가면 계단으로 만들어진 화단이 있어. 꽃과 나무, 아름다운 굴뚝이 있는 이 화단은 대조전에서 생활하는 왕비들의 휴식처였어.

화단에서 맞은편으로 보이는 건물이 경훈각이야. 경훈각은 원래 2층 건물이었는데, 1층은 경훈각이라 부르며 온돌방이 있

굴뚝이 있는 뒤뜰

었고, 2층은 징광루라는 이름의 높은 마루가 있었대. 추울 때는 1층 온돌방을 이용하고 더울 때는 시원한 마루를 이용했던 거지. 이 마루에 오르면 탁 트인 경치를 볼 수 있어 여러 왕이 즐겨 찾았다는구나.

하지만 경훈각 역시 1917년에 불에 타서 1920년에 경복궁의 만경전을 옮겨다 1층 건물로 다시 지었단다.

이 경훈각에서는 궁궐 온돌 아궁이를 볼 수 있어. 일반 가정집 아궁이와 어떤 점이 다르니? 그래, 부뚜막이 없지. 가정집 아궁이는 보통 부엌에 설치되어 솥이 걸렸어. 아궁이에 불을 때서 밥을 하거나 국을 끓이면서 동시에

아궁이

방바닥을 따뜻하게 데웠던 거지. 그러나 궁궐에서는 음식을 만드는 수라간이 따로 있었기 때문에 부뚜막이 없어. 그래서 궁궐 아궁이는 열이 방으로 잘 넘어가고 거꾸로 넘어오지 않게 만들어졌단다.

경훈각의 온돌 아궁이

왕의 출퇴근!

왕이 사는 곳을 '궁궐'이라고 해요. 이때 '궁'이란 왕과 왕의 가족이 일상생활을 하는 공간이고, '궐'은 궁의 출입문 좌우에 설치된 망루를 일컫는 말로 왕과 신하가 나랏일을 하는 곳이에요. 궁궐은 궁과 궐의 기능이 합해져, 생활 공간과 업무 공간이 함께 있는 곳을 뜻하지요. 왕은 낮에는 '궐' 쪽으로 출근해서 일을 하고, 밤에는 '궁' 쪽으로 퇴근해서 책도 읽고 쉬었어요.

● 세자의 생활 공간 **성정각**

이번에 돌아볼 곳은 세자가 생활했던 동궁이야. 예로부터 궁궐의 동쪽은 세자의 공간이었어. 세자는 왕의 후계자로 마치 떠오르기 전의 태양과 같다 하여 궁궐 동쪽에 있는 동궁에서 지냈어.

희정당 동남쪽에 있는 건물은 세자가 공부하던 성정각이야. 세자는 어렸을 때부터 어진 왕이 되기 위한 교육을 받았어. 세자가 얼마나 열심히 공부했는지 그 과정을 좀 살펴볼까?

우선 세자는 유교 경전과 역사책을 읽으며 왕이 갖추어야 할 덕목을 하나하나 쌓아 나갔어. 매일 아침, 점심, 저녁 세 번씩 강의를 들었는데 때로는 강의가 밤늦게까지 이어지기도 했단다. 그리고 공부한 내용을 수시로 물으며 시험을 보기도 했다는구나. 그때 제대로 대답하지 못하거나 시험 결과가

세자의 하루 일과

붓글씨 연습

악기 연습

활쏘기 연습

말타기와 무예 연습

좋지 않으면 잘할 때까지 반복하기도 했다니, 세자가 얼마나 힘들게 공부했는지 짐작이 가지?

하지만 세자의 공부는 여기서 그치지 않았어. 활쏘기, 말타기 등의 무예와 예법과 악기 연주, 붓글씨 등 인격 수양을 위한 교육도 함께 했지. 왕의 역량을 본격적으로 키우기 위해 왕을 대신해 나랏일을 돌보는 대리청정을 하기도 했어.

그런데 왜 마당에 돌절구가 남아 있을까? 일제 강점기에 이곳을 내의원으로 사용했기 때문이야. 아마 약재를 빻았던 돌절구가 아닐까 짐작하지.

'소박한 아름다움을 간직한 낙선재'

● 헌종의 사랑 이야기가 전해지는 **낙선재**

저기, 창덕궁과 창경궁이 연결되는 부근에 있는 기와집들이 낙선재, 석복헌, 수강재란다. 궁궐에 있는 건물 같지 않게 단청을 하지 않아 소박하면서도 아름답지.

이 낙선재에는 헌종의 애틋한 사랑 이야기가 전해지고 있어.

헌종은 여덟 살에 왕위에 올라 일찌감치 왕비를 맞았지만 왕비가 일찍 죽었어. 그래서 다음 해에 새 왕비를 뽑았는데, 마음에 든 아가씨가 아닌 다른 아가씨가 뽑히고 말았어. 헌종은 3년을 기다렸다가 마음에 둔 아가씨를 후궁으로 들였어. 이 후궁이 경빈 김씨야.

헌종은 경빈 김씨를 위해 자신이 지낼 낙선재를 짓고, 그 옆에 경빈 김씨가 지낼 석복헌과 할머니가 지낼 수강재를 지었어. 그리고 이곳에서 책도 읽고 그림도 감상하며 개인적인 시간을 보냈지. 그러나 2년 뒤 그만 세상을 떠나고 말았어. 경빈 김씨는 홀로 낙선재를 지키다가 1907년 77세에 돌아가셨지.

소박하고 평범해 보이는 이 낙선재에 마지막 황실 가족이 머물렀어. 고종은 1884년 갑신정변이 일어난 다음 낙선재를 집무실로 사용했지. 그리고 순종의 왕비 순정효 황후가 1966년 세상을 떠날 때까지 생활했어.

또, 조선의 마지막 황녀인 덕혜 옹주와 마지막 황태자 영친왕이 일본에서 돌아와 낙선재에서 지냈단다. 영친왕이 돌아가시고 나자, 덕혜 옹주와 영친왕의 부인인 이방자 여사는 서로 의지하며 지내다가 1989년 열흘 사이로 세상을 떠났어.

조선의 마지막 황녀 덕혜 옹주와 남편 소 다케유키 백작

덕혜 옹주와 함께 낙선재를 지킨 이방자 여사

영친왕 부부

4) 신하들이 일하는 관청 궐내 각사

조선 시대에는 관청이 궁궐 안에도 있었어. 대부분의 관청은 궁궐 밖에 있었지만 왕을 가까이서 모시고 왕실의 업무를 원활하게 수행하기 위해 특별히 궁궐 안에 두기도 했지. 이런 관청을 궐내 각사라고 하는데 안타깝게도 일제 강점기에 없어지고 말았어. 원래 궐내 각사는 인정전의 서쪽과 동쪽 그리고 남쪽 등에 있었지만 현재는 서쪽 궐내 각사만 복원했어.

● 왕실 도서관이자 학문 연구 기관인 **규장각**

규장각은 한번쯤 들어본 적 있을 거야. 정조 이야기나 드라마에 빠지지 않고 등장하니까.

조선 제22대 왕인 정조는 왕위에 오르자마자 창덕궁 후원에 규장각을 짓

고, 젊고 유능한 학자들을 불러 모았어. 규장각 학자들과 함께 자신이 꿈꾸는 개혁 정치를 펼쳐 나가려고 계획했던 거지. 그런데 규장각이 후원에 있으니까 거리가 멀어서 신하들이 드나들기 불편했어.

정조는 인정전 서쪽에 규장각을 다시 지었어. 그래서 창덕궁에는 규장각이 두 개가 되었지. 인정전 서쪽에 있는 규장각과 후원에 주합루로 남아 있는 규장각이 그 둘이야.

규장각은 원래 왕이 쓴 글씨나 글을 보관하고 책을 읽는 왕실 도서관이었어. 책을 좋아했던 정조는 임금이 되어 이 도서관의 기능을 점차 확대해서 자신의 개혁 정치를 지지하고 뒷받침하는 핵심 기관으로 발전시켰어. 그리고 정약용, 박제가와 같은 규장각 학자들과 함께 수원에 화성을 건설하고 상업을 발전시켜 나가는 등 여러 가지 정책들을 펼쳐 나갔어.

그러나 규장각은 정조가 세상을 떠나면서 기능이 약해져 왕실 도서관의 역할만 담당하게 되었지. 고종 때 규장각을 다시 짓고 책을 모으기도 했지만 일제 강점기에 헐렸고, 지금 우리가 보고 있는 건물은 2004년에 복원한 거란다.

- **실록 편찬 자료를 보관했던 예문관**

　조선은 '기록의 나라'라고 할 만큼 많은 기록을 남겼어. 그중 하나가 조선의 역사책인 《조선왕조실록》이지. 그럼 《조선왕조실록》은 누가 썼을까? 바로 예문관의 사관들이야.

　예문관은 임금의 말이나 명령을 대신하여 쓰고 짓는 것을 담당하는 국가 기관이야. 신하에게 벼슬을 내리는 임명장을 작성하기도 했지. 나라의 기록을 맡은 중요한 기관이라 예문관의 관리는 아주 엄격한 시험을 거쳐 뽑았어. 과거 시험에서도 장원을 하거나

높은 점수를 받아야 예문관으로 갈 수 있었지. 글씨는 물론 글도 잘 써야 하고, 또 기록할 때는 윗사람 눈치 보지 않고 사실을 사실대로 기록할 수 있는 능력 있는 사람이어야 했어.

 예문관 관리 중에서 역사 기록을 맡은 사관은 항상 임금 곁에서 조정에서 일어나는 모든 일을 기록했어. 이렇게 써진 기록들을 사초라고 하는데 예문관에서 보관했어. 사초는 신하들은 물론이고 임금도 볼 수 없었지. 이 사초를 바탕으로 나중에 《조선왕조실록》과 같은 역사책이 만들어진 거야.

• 임금의 건강을 살피던 약방 **내의원**

내의원은 쉽게 말해 궁궐 병원이야. 임금과 왕실 가족들의 건강을 책임지고 보살피는 역할을 맡았지. 내의원에서는 의관과 의녀가 일했어. 의관은 의학 관련 책을 읽고 의술을 연구하며 약재를 준비하고 관리하는 등의 일을 했어. 의녀는 궁궐의 여성들을 치료하며 의관들을 도와 약을 달이는 등의 일을 했지.

내의원 의관들은 5일마다 임금을 찾아뵙고 진찰하며 임금의 건강을 보살폈어.

● 임금의 학문적 정치적 자문에 응하는 **홍문관**

임금은 학문적으로 궁금한 것이 있거나 중요한 결정을 내려야 할 때 누구에게 물었을까? 조선 시대 학술 기관인 홍문관에 물었어.

홍문관 관리는 임금의 물음에 대답할 만큼 전문적인 지식과 실력을 갖춘 사람들이었어. 그래서 '옥당'이라 부르기도 했는데, 옥당은 '옥같이 귀한 사람들이 모인 집'이란 뜻이야. 실제 홍문관에서 근무했던 관리들 대부분이 정승이나 판서와 같은 높은 벼슬에 올랐다고 해. 그만큼 홍문관이 나라의 중요한 업무를 맡고 있었다는 거지.

3. 문화가 담기다
- 창덕궁 후원에는 어떤 아름다움이 있을까?

동궐도 속 후원 일대

1) 부용지와 주합루 일대

드디어 아름다운 후원에 들어섰구나. 후원은 궁궐 건물 뒤편에 있어 붙여진 이름인데, 창덕궁 전체 면적의 60%를 차지할 정도로 넓어. 크게 부용지와 주합루 일대, 애련지와 연경당 일대, 존덕정과 관람지 일대, 옥류천 일대, 이렇게 네 구역으로 나눠 볼 수 있단다. 자, 그럼 후원에서 첫 번째로 만나는 정원, 부용지와 주합루 일대부터 돌아볼까?

● 연꽃 연못 **부용지**와 연꽃 지붕 **부용정**

저기 보이는 연못이 부용지란다. '연꽃 연못'이란 뜻이지. 연못의 모양을 보렴. 네모난 연못 가운데 동그란 섬이 있고, 섬 가운데 잘생긴 소나무 한 그루가 서 있어. 부용지에는 하늘은 둥글고 땅은 네모지다는 조선 시대 사람들의 생각이 담겨 있는데, 사각형의 연못은 땅을 의미하고 가운데 둥근 섬은 하늘을 상징해.

부용지에 두 다리를 담그고 서 있는 정자가 부용정이야. 부용정은 지붕이 독특하게도 '十' 자 모양인데, 연꽃이 활짝 펼쳐진 모양을 지붕에 표현한 거라고 해.

정조는 저 정자, 부용정에 앉아 낚시를 즐겼다는구나. 잡은 물고기는 어떻게 했을까? 군침을 꼴깍 삼킬 수도 있지만 다시 놓아주었단다. 그리고 연못에 비단 돛을 단 배를 띄우고, 그 배에 앉아 시를 짓고 꽃놀이를 즐겼다고

해. 신하들도 시를 지어야 했는데, 정해진 시간 안에 시를 짓지 못하면 귀양을 보냈대. 어디로 보냈냐고? 하하, 연못 가운데 있는 작은 섬으로 보냈다는구나.

한결이의 답사 노트

물이 마르지 않는 부용지

부용지는 인공 연못이지만, 웬만해선 물이 마르는 일이 없어요. 왜냐하면 4개의 우물터에 세운 연못이기 때문이에요. 기록에 따르면 세조의 명령으로 창덕궁에서 우물을 발견하고, 숙종 때 부용지 터에 있던 4개의 우물을 연결해서 연못으로 다듬었다고 해요. 4개의 우물에서 신선한 물이 퐁퐁 샘솟고 있으니 언제나 물이 풍성한 거예요.

● 책 향기가 가득한 집 **규장각**과 **주합루**

　부용정과 마주 보고 있는 2층 집이 후원의 규장각 주합루야. 정조가 왕위에 오르면서 지었는데 1층은 규장각 도서관으로 쓰고, 2층 주합루는 도서관의 열람실처럼 책을 읽는 곳이었단다. 규장각과 주합루는 학문 연구 기관인 동시에 임금이 지은 글이나 글씨, 임금의 초상화를 비롯하여 수많은 책들이 보관되었어. 정조 5년에 규장각의 역할이 커지면서 인정전 서쪽에 새로 규장각을 지었지.

　주합루 앞에 작은 문 보이지? 어수문이라고 하는데 가운데 문은 크고 높은 반면에 양옆에 문은 작고 낮아. 왜 그럴까? 가운데 문은 임금이 다니는 문이고 양쪽 문은 신하가 다니는 문이기 때문이야. 저 작은 문으로 들어가려면 신하는 아마 허리를 깊숙이 숙여야 했을 거야. 임금을 대하는 신하의

태도를 문으로 보여 준 거지.

 어수문이라는 이름에는 특별한 의미가 있어. '어수'는 물고기와 물이라는 뜻인데, 물고기가 물을 떠나 살 수 없는 것처럼 임금은 항상 백성을 생각하라는 교훈을 담은 거야.

 임금이 다니는 문과 신하가 다니는 문을 엄격하게 구별하면서도, 문의 이름을 통해 백성의 소중함을 일깨우는 조선 시대 사람들의 생각이 대단하지 않니?

- 과거 시험을 보았던 **영화당**과 넓은 마당 **춘당대**

주합루에서 내려오면 동쪽에 영화당이 있어. 제법 널찍한 이 건물에서는 무엇을 했을까? 왕이 쉬기도 하고 과거 시험을 치르기도 했대. 저기 영화당 앞으로 넓게 펼쳐진 춘당대 마당이 과거 시험을 보던 곳이었다는데, 과거 시험 보는 조선 시대 선비들을 한번 떠올려 보는 것도 재미있겠지?

정조는 성균관에서 공부하는 선비들을 불러 춘당대에서 시험을 쳤는데, 날이 어두워지자 영화당에서 하룻밤을 묵었어. 또 순조는 궁궐에서 근무하는 무사들에게 활쏘기 같은 무술 시험을 치르고 성적에 따라 상을 주고 승진을 시켰대. 고전 소설 《춘향전》의 이몽룡도 이곳에서 시험을 치러 장원 급제를 했다는구나.

2) 애련지와 연경당 일대

불로문

영화당에서 후원 안쪽으로 조금 들어가다 보면 왼쪽에 불로문이 있어. 불로문은 '늙지 않는 문'이라는 뜻인데, 돌을 깎아 만든 돌문이야. 불로문을 통과하면 애련지와 애련정이 나와. 숙종은 연꽃을 좋아해서 '연꽃을 사랑한다'는 뜻을 가진 애련지에 정자를 짓고 애련정이라고 불렀대. 후원의 두 번째 정원인 애련지와 연경당 일대는 애련정에서부터 시작하여 좀 더 안쪽에 자리 잡은 연경당까지 드넓게 펼쳐진단다.

● 가장 소박하고 작은 집 **의두합**과 **운경거**

　이번에 만날 건물은 아주 소박하고 작은 집이야. 순조의 아들인 효명 세자가 책을 읽고 공부하였다는 의두합이지. 의두합에는 '기오헌'이라는 현판이 걸려 있어, 기오헌이라 부르기도 하지. 의두합 옆에 있는 작은 건물은 운경거라는 집인데, 창덕궁에서 가장 작은 한 칸 반짜리 집이야.

　효명 세자는 이곳에서 책을 읽고 공부하며 할아버지 정조처럼 강력한 힘을 가진 임금이 되기를 꿈꿨어. 의두합을 이곳에 지은 것도 산 너머에 규장각이 있었기 때문이야. 산 너머에 있는 규장각을 바라보며 정조의 마음을 헤아리고, 학문과 정치에 대한 자신의 의지를 굳혀 나갔던 거지.

● 궁궐 안 사대부 집 연경당

여긴 단청이 없어요!

궁궐 안에 있는 사대부 집을 생각해 본 적 있니? 여기 후원에는 조선 시대 사대부 집을 떠올리게 하는 집이 있어. 애련정을 지나 안쪽으로 들어가면 만날 수 있는 연경당이야.

연경당은 효명 세자가 아버지 순조와 어머니 순원 왕후를 위한 잔치를 베풀기 위해 1828년(순조 28)에 지은 집이야. 궁궐에 있는 집이면서도 단청을 하지 않았고, 조선 시대 사대부 집처럼 남녀의 공간을 구분하여 안채와 사랑채를 따로 두었어.

그렇지만 일반 사대부 집과는 분명하게 다른 점이 있어. 조선 시대에는 아무리 사대부라도 100칸이 넘는 집을 지을 수 없었어. 최대한 넓은 집이 99칸이었지. 연경당은 궁궐의 집이라는 걸 말해 주기라도 하듯 120여 칸 집이

야. 현재는 109칸 반만 남아 있지. 120칸 집이라니, 방의 개수가 120개라는 건지 궁금하지? 칸은 방의 개수가 아니라 기둥과 기둥 사이를 말하는 거야.

연경당에는 안채로 들어가는 대문과 사랑채로 들어가는 대문이 따로 있어. 그래서 안채와 사랑채가 분리되었다고 생각할 수 있지만 실제는 하나로 연결되어 있어. 사랑채의 이름이기도 한 연경당은 안채와 연결된 '一'자 집이지. 안방에서 사랑방을 들여다보면 건물이 하나로 쭉 이어져 있다는 것을 확인할 수 있어. 조선 시대 사대부 집들도 형식적으로는 안채와 사랑채가 분리되어 있지만 내부적으로는 연결되어 있어.

연경당 오른편에 있는 건물은 서재로 쓰인 선향재인데, 독특하게도 벽돌을 쌓아 지었어. 서향 집이라 해가 질 때 햇빛이 비치는 것을 막기 위해 도르래가 달린 차양이 달려 있지.

도르래가 달린 차양

3) 존덕정과 관람지 일대

연경당을 나와 작은 고개를 넘으면 후원에서 세 번째로 만나는 정원, 존덕정과 관람지 일대야. 이곳에는 존덕정, 폄우사, 관람정과 같은 정자들이 연못 주위에 배치되어 있어 땀을 식히며 쉬어 가기에 좋단다.

● 가장 크고 화려한 정자 **존덕정**

다리도 아픈데 정자에서 좀 쉬어 갈까?

우리가 보고 있는 이 정자는 1644년(인조 22)에 지어진 존덕정이야. 후원의 정자 중에서 가장 크고 화려하지.

존덕정 지붕을 보렴. 보통의 정자 지붕과는 달리 겹지붕에 육각형 모양이

야. 그래서 홑지붕에 사각형 모양을 한 보통 정자보다 높고 웅장하지. 그런데 안을 들여다보면 더욱 화려해서 이 정자가 격조 높은 왕의 정자라는 걸 실감할 수 있어.

존덕정 천장 그림

천장 한가운데를 보면 청룡과 황룡이 여의주를 가지고 놀고 있는 그림이 그려져 있어. 정자 안 북쪽 지붕 아래에는 정조가 쓴 글이 있지.

만 개의 개울에 만 개의 달이 비치지만
달은 오직 하늘에 떠 있는 달, 하나뿐이다.

무슨 말일까? 개울은 많지만 달은 오직 하나, 정조 자신뿐이라는 거야. '하나뿐'을 강조해서 강력한 왕권을 선포하기도 했지만 동시에 '만 개의 개울에 만 개의 달이 비친다'는 부분에서는 백성들을 사랑하는 마음을 표현하고 있어.

달도 하나! 왕도 하나!

● 세자가 양반걸음을 연습했던 **폄우사**

왕이 되는 길은 멀고도 어려워~

존덕정 바로 위쪽에 있는 옆으로 길쭉한 정자는 폄우사야. '폄우'란 어리석음을 고친다는 뜻이지. 이 집은 마루와 온돌 바닥을 함께 갖추고 있어 계절에 상관없이 이용할 수 있었어. 정조와 효명 세자가 이곳에서 묵으며 책을 읽었다고 해.

폄우사 뜰을 보렴. 드문드문 '之' 처럼 디딤돌이 놓였네. 무엇을 하던 디딤돌일 것 같니? 언제 놓았는지 정확한 시기는 알 수 없지만 세자가 양반걸음을 연습하고자 놓았다는 이야기가 전해진단다. 세자는 양반걸음을 연습하며 무슨 생각을 했을까? 세자의 마음을 헤아리며 직접 한번 걸어 보렴. 뒷짐을 지고 어깨를 쫙 펴고 한 걸음 한 걸음!

● 부챗살 모양 지붕의 **관람정**

존덕정 맞은편에 있는 연못은 관람지야. 모양이 우리나라 지도랑 닮아서 반도지라고도 불러. 연못가에 있는 정자는 관람정이란다.

관람정에는 관람정만의 특별한 특징이 있어. 부채꼴 모양의 지붕과 파초 모양의 초록색 현판이야. 옛날에는 기술이 발달하지 않아서 부채꼴 모양의 지붕이나 마루를 만들기가 무척 힘들었다고 해. 그런데도 부채꼴 모양의 지붕과 마루를 만들다니, 그 정성이 대단하지?
 파초 모양의 초록색 현판은 부채꼴 모양의 지붕과 주변 자연환경과도 아주 잘 어울리지.

4) 옥류천 일대

후원에서 네 번째로 만나는 정원은 북쪽 깊은 골짜기에 흐르는 옥류천 일대야. 옥류천 주변에는 후원에서 가장 빼어난 세 정자로 불리는 소요정, 청의정, 태극정이 있고, 서쪽 옆으로는 정조가 머물렀던 농산정이 있어. 그럼, 옥처럼 맑은 물이 흐른다는 옥류천부터 구경해 볼까?

● **임금이 유상곡수 놀이를 즐겼던 옥류천**

옛날 임금들은 무얼 하며 놀았을까? 책 읽고 공부하며 나랏일을 돌보느라 노는 것은 생각지도 못했을까? 옥류천에는 임금들이 놀았던 흔적이 남아 있어. 인조 때 만들어졌다는 옥류천은 거대한 바위인 소요암을 깎아 내고, 그 바위 위에 'U' 자형의 홈을 파서 물이 따라 돌다가 폭포처럼 떨어지게 만들었어. 이곳에서 임금들은 신하들과 함께 유상곡수 놀이를 했대. 유

상곡수 놀이는 둥글게 흐르는 물에 술잔을 띄워 놓고, 술잔이 자기 앞으로 오기 전에 시 한 편을 짓는 거야. 만약 시를 짓지 못하면 벌로 술 석 잔을 마셨다는구나. 숙종도 유상곡수 놀이를 즐겼던 걸까? 옥류천의 너른 바위에는 숙종이 손수 쓴 시가 새겨져 있어.

> 흩날리는 물은 높이가 삼백 척인데
> 저 멀리 하늘나라에서 내려왔구나.
> 이것을 보노라니 흰 무지개가 일고
> 온 골짜기에 우렛소리가 가득 차오네.

● 후원에서 가장 빼어난 세 정자 **소요정, 청의정, 태극정**

옥류천 바로 옆에 있는 정자는 임금들의 쉼터로 사랑받았던 소요정이야. 임금들은 소요정에서 바쁜 나랏일을 잠시 내려놓고 아름다운 경치를 보면서 여유 있는 시간을 보냈어.

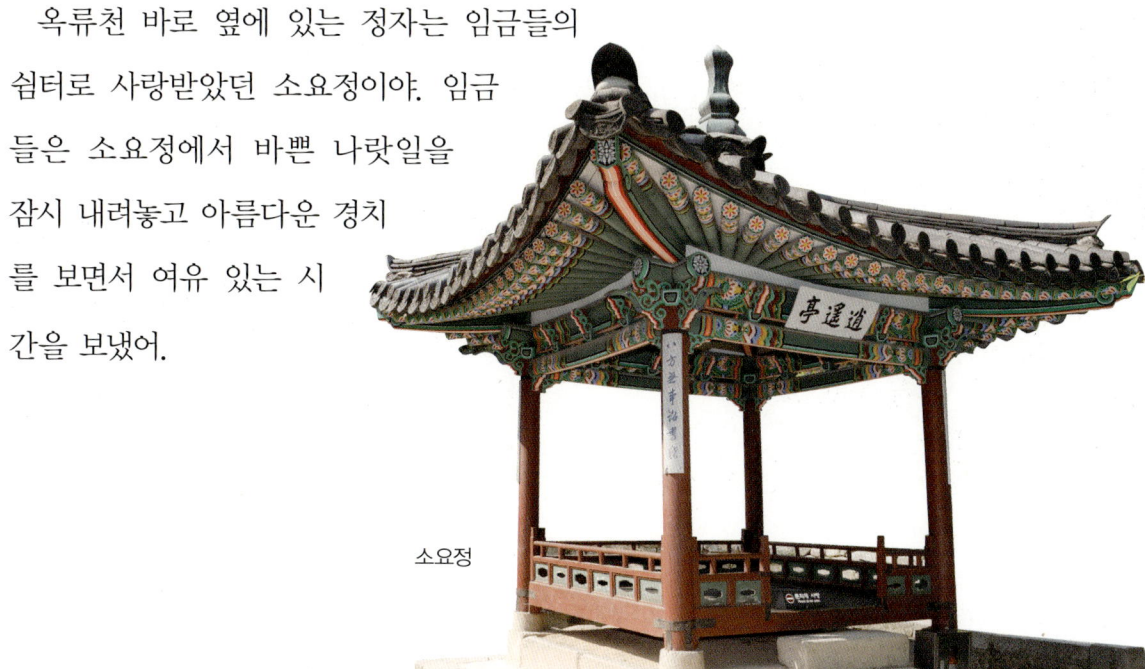

소요정

옥류천 북쪽에 있는 초가지붕 정자는 청의정이야. 창덕궁의 하나뿐인 초가지붕이지. 인조 때 만들어졌는데, 청의정 앞 작은 논에서 임금이 직접 농사를 지었대. 그리고 가을이 되어 추수를 하고 난 다음에는 그 볏짚을 엮어 지붕을 이었다는구나.

청의정 동쪽에 있는 정자는 태극정이야. 태극정 앞에 있는 개울 바닥에는 태극무늬를 새긴 돌확이 있어. 태극정은 특히 주변 경치가 아름다운 곳에 자리 잡아서 임금들의 사랑을 받았단다.

청의정

태극정

● 정조가 가마꾼들에게 음식을 내려 준 **농산정**

후원에는 이렇게 다양한 정자들이 있지만 놀거나 쉬는 장소이지, 오래 머물거나 하룻밤을 묵을 수는 없어. 이번에 돌아볼 곳은 임금이 쉬기도 하고 잠을 자기도 할 수 있는 집이야.

태극정을 지나 남쪽으로 내려오면 농산정이 있어. '一'자로 된 다섯 칸짜리 집인데, 온돌방과 마루가 있고 작은 부엌이 갖춰져 있어. 임금이 제례나 행사를 앞두고 묵을 수 있는 집이었지.

또 후원이 워낙 넓다 보니 나들이를 나왔다가 갑자기 비를 만나면 이곳에 들어와 쉬었다고 해. 비가 그치기를 기다리는 동안 간단한 식사를 하면서 몸의 피로를 풀었던 거지.

1795년 정조 때는 이곳 농산정에서 조금 특별한 행사가 있었어. 정조는 아버지 사도 세자의 무덤이 있는 수원 화성에서 어머니 혜경궁 홍씨의 회갑 잔치를 열기로 했어. 그래서 후원에서 혜경궁 홍씨를 모시고 갈 가마 메는 연습을 했지. 연습을 마치자 정조는 신하들을 농산정으로 불러 수고했다며 음식을 내려 주었단다.

창덕궁에서 눈여겨볼 것

농산정
청의정
옥류천
소요정

다래나무 후원의 가장 안쪽 깊숙한 숲속에는 약 650년 된 다래나무가 있어. 우리나라에서 가장 크고 오래된 다래나무인데, 창덕궁의 다래나무는 수나무여서 열매가 열리지 않지.

향나무 돈화문에서 궐내 각사가 있는 쪽으로 올라가다 보면 약 750세로 추정되는 향나무가 있어. 향나무는 제사를 지낼 때 향을 피우는 재료로 쓰기 때문에 주로 사당 근처에 심었어.

뽕나무 후원의 관람지 부근에는 400세 정도로 추정되는 뽕나무가 있어. 뽕나무는 누에를 치기 위해 심은 나무인데, 조선 시대에는 누에 치는 것을 중요시하여 왕비가 본이 되어 직접 누에를 치는 '침잠례' 행사를 하기도 했어.

매화나무 세자가 공부하던 성정각 담장 옆에는 홍매화나무 한 그루가 있어. 옛 선비들은 첫봄에 꽃망울을 터뜨리는 매화를 무척 좋아했단다. 세자도 추운 겨울을 지내며 매화가 피어나길 기다렸겠지?

회화나무 창덕궁의 정문인 돈화문에 들어서면 찾아볼 나무가 있어. 바로 여덟 그루의 회화나무야. 이 회화나무는 1820년대 그려진 〈동궐도〉에도 그려져 있어 나무의 나이를 약 300~400세로 추정하고 있지.

구슬이 서 말이라도 꿰어야 보배

실제로 돌아보니 어때? 창덕궁의 참모습이 눈에 들어오지 않니? 창덕궁은 임진왜란을 시작으로 여러 차례 불이 났고, 일제 강점기에는 크게 부서지고 훼손되었어. 그리고 임금이 창덕궁을 버리고 피난하는 일까지 벌어졌지. 이번 마당에서는 창덕궁에서 벌어진 파란만장한 조선 후기의 역사를 알아볼 거야.

4. 파란만장한 역사를 겪다
 - 창덕궁에서는 무슨 일이 있었을까?

1) 불타고 버려지는 수난을 당하다!

창덕궁에 몇 번이나 불이 났는지 아니? 자그마치 큰불만 다섯 번이야. 그때마다 창덕궁에 중요한 건물들은 불에 타서 잿더미가 되었어. 특히 임진왜란 때는 서울의 모든 궁궐들이 불에 타 버렸어. 임진왜란이 끝나고 복구를 했지만 다시 불에 타고, 또다시 복구를 했지만 다시 불에 타는 일들이 반복되었지. 창덕궁이 겪은 수난을 살펴보자.

● 임진왜란으로 모든 궁궐이 불에 타 버리다

1592년(선조 25), 조선이 건국된 지 200년이 되던 해였어. 일본이 명나라로 가는 길을 내어 달라며 조선을 침략했어. 이 전쟁을 임진왜란이라고 한단다.

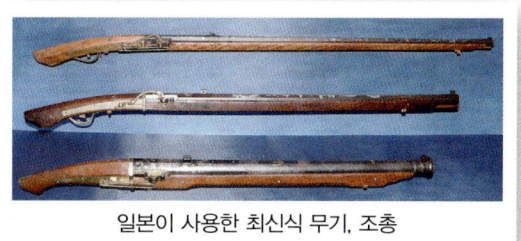
일본이 사용한 최신식 무기, 조총

일본은 단숨에 부산을 무너뜨리고 거침없이 한양으로 밀고 올라왔어. 하지만 조선은 잘 훈련된 군사들과 조총을 가진 일본에 대항하여 싸울 힘이 없었어. 선조와 대신들은 일본군이 서울에 가까워지고 있다는 소식이 들리자, 창덕궁을 버리고 의주로 피난을 떠났지. 선조가 떠나고 얼마 후, 경복궁이 불타기 시작했어. 그리고 뒤이어 창덕궁과 창경궁에도 불이 붙었어. 불길은 삽시간에 서울의 모든 궁궐을 태워 버렸지.

선조와 대신들은 떠났지만 백성들은 일본군에 맞서 싸웠단다. 바다에서는 거북선을 앞세운 이순신 장군이, 육지에서는 전국 곳곳에서 일어난 의병들

이 일본군을 물리쳤지. 그렇게 해서 전쟁이 끝나자, 피난에서 돌아온 선조는 창덕궁을 복구하기 시작했어.

왜 경복궁이 아닌 창덕궁이었을까? 정확한 이유는 알 수 없지만 경복궁에 비해 규모가 작은 창덕궁이 복구에 유리하고, 위치가 더 좋다는 의견이 받아들여지지 않았을까 추측한단다. 창덕궁은 4년여의 공사 끝에 광해군에 이르러 인정전을 비롯하여 중요한 건물들을 다시 지었어.

그럼 경복궁은 어떻게 되었냐고? 불에 탄 채 270여 년 동안 방치되다가 고종 때 흥선대원군이 복구했어. 경복궁이 폐허로 남아 있는 동안, 창덕궁은 조선 왕조의 정궁 역할을 담당했지. 조선 역사의 실제적인 중심 무대가 된 거야.

● **왕위를 빼앗는 싸움으로 창덕궁이 불타다**

창덕궁의 수난은 임진왜란으로 끝나지 않았어. 임진왜란이 끝나고 다시 지어진 지 10여 년 만에 또다시 큰불이 나서 인정전과 3~4개의 건물만 남고 모두 불에 타 버렸지.

어쩌다 또 그런 일이 벌어졌을까? 그 일은 광해군을 왕위에서 몰아내고 인조가 왕위에 오르는 엄청난 사건이었어. 광해군은 선조의 둘째 아들로 왕위에 올라 안으로는 임진왜란으로 혼란스러워진 나라를 바로잡고, 밖으로는 명나라와 후금 사이에서 어느 편도 들지 않는 중립 외교 정책을 펼쳐 나갔어. 힘이 약해진 명나라와 한창 힘을 뻗치고 있는 후금 사이에 조선이 끼어 피해를 받지 않기 위해서였지.

그러나 광해군의 중립 외교 정책에 반대하는 세력이 있었어. 그들은 명나라 편을 들어야 한다고 주장하며 자신들의 힘을 키운 다음, 갖가지 핑계를 대어 광해군을 몰아내고 인조를 왕위에 세웠어.

그 과정에서 창덕궁은 싸움터가 되었고 큰불이 일어났어. 불은 창덕궁의 중요한 건물 대부분을 잿더미로 만들어 버렸지.

● 두 번이나 창덕궁을 버리고 피난하다

왕위에 오른 인조는 명나라와 가까이 지내면서 후금을 멀리했어. 그러자 후금이 조선을 쳐들어왔지. 후금의 공격에 대비하지 않았던 인조와 신하들은 창덕궁을 버리고 강화도로 피난을 갔어. 그리고 후금과 형제의 나라가 되겠다고 약속하고 전쟁을 끝냈지. 이 전쟁이 정묘호란(1627년)이야.

하지만 조선은 약속을 어기고 후금과 가까이 지내지 않았어. 오히려 형제의 나라가 된 것을 굴욕이라 생각하고 멀리했지. 청나라로 이름을 바꾼 후금은 약 10년 뒤에 다시 쳐들어왔는데, 이 전쟁이 병자호란(1636년)이야. 인조는 한양이 무너지자 신하들과 함께 창덕궁을 떠나 남한산성으로 몸을 피했어. 하지만 곧 청나라 군대에게 포위당했고 남한산성은 고립되었어.

성안에서는 싸우자는 의견과 강화를 맺자는 의견이 팽팽하게 맞섰지만, 사실상 조선은 싸울 힘이 없었어.

결국 인조는 45일 만에 남한산성에서 나와 청나라에 항복했어. 그리고 아들 소현 세자와 봉림 대군 등 수많은 사람을 청나라에 인질로 보냈지. 이때부터 조선은 신하로서 청나라를 섬기는 나라가 되었어.

2) 개화기의 혼란 속에 청나라 군대가 들어오다!

조선 말기는 나라가 무척 혼란스러웠어. 개항하여 근대 문물이 들어오기 시작했지만, 조선은 아직 근대 국가로 나아갈 준비가 되어 있지 않았거든. 나라 안은 새로운 문물을 받아들이고 제도를 개혁해야 한다는 개화를 찬성하는 쪽과 반대하는 쪽으로 나뉘어 대립했어. 그런 대립 속에서 임오군란과 갑신정변이 일어났지.

● **성난 구식 군인들을 진압하다**

똑같이 나라를 지키는 군인인데 차별을 한다면 어떻게 하겠니?

임오군란은 구식 군인과 신식 군인의 차별 대우에서부터 비롯되었어. 나라에서 신식 군대 별기군을 만들어 특별 대우를 한 거야. 별기군에게는 일본군 소위를 불러들여 현대식 총으로 무장하고 신식 훈련을 시켰어. 급료도 많이 주고 군복도 좋은 걸로 주었지.

그러나 구식 군인들의 대우는 형편없었어. 급료(쌀)도 아주 적었는데 그마저도 1년 이상 주지 않고 미루었어. 구식 군인들은 군 복무를 하면서 생계를 잇기 위해 다른 일을 해야 했지.

그러다가 마침내 구식 군인들에게 쌀을 배급하게 되었어. 구식 군인들은 잔뜩 기대하며 쌀을 받았지. 그런데 받아 보니 쌀에 겨와 모래가 섞여 있고, 양도 정해진 양보다 훨씬 적었어. 구식 군인들은 쌀 배급을 거절했지만 관리들은 그대로 지급하려고 했어. 화가 난 구식 군인들이 관리들을 때리면서 싸움이 시작되었어.

구식 군인들은 포도청과 의금부를 습격하여 무기를 빼앗은 다음, 일본 공사관으로 쳐들어갔어. 조선이 개항을 하자 일본이 싼값에 쌀을 대량으로 빼내 갔거든. 그 바람에 조선은 쌀이 턱없이 부족하게 되었고 구식 군인들의 급료마저 줄 수 없었던 거야. 그래서 일본에게 직접 그 책임을 물으려고 했던 거지. 일본 사람들은 공사관을 버리고 도망갔어.

그러자 구식 군인들은 명성 황후가 있는 창덕궁으로 향했어. 이 모든 일의 책임이 당시 권력을 쥐고 있던 명성 황후와 그 일가에 있다고 생각한 거지. 구식 군인들이 몰려오자 명성 황후는 변장을 하고 창덕궁을 탈출하여 몸을 숨겼어.

이때 호시탐탐 조선에 대한 간섭을 노리고 있던 청나라가 군대를 보내 구식 군인들을 진압했어. 조선은 본격적으로 청나라의 간섭을 받는 나라가 되고 말았지. 이 사건을 임오군란(1882년)이라고 한단다.

● 삼일천하를 끝내다

임오군란 이후 청나라 간섭이 심해진 가운데, 일본은 조선을 지배할 또 다른 기회를 노리고 있었어. 러시아, 미국, 프랑스, 영국 같은 나라들도 긴장을 늦추지 않고 조선을 엿보고 있었지.

개화파의 주요 인물.
왼쪽부터 박영효, 서광범, 서재필, 김옥균

그런 가운데 김옥균을 비롯한 개화파들은 일본을 본보기로 삼아 자주적이고 부강한 근대 국가를 세우려고 했어. 하지만 힘이 부족했기 때문에 일본에게 도움을 요청했고, 일본은 기꺼이 개화파를 돕기로 약속했어. 개화파는 일본을 굳게 믿고 정변 계획을 세웠지.

1884년 우리나라 최초의 우체국인 우정국이 개국 축하 잔치를 연 날, 김옥균을 비롯한 개화파가 정변을 일으켰어. 이 정변을 갑신정변(1884년)이라고 해. 개화파들은 반대 세력을 물리치고 고종이 있는 창덕궁으로 달려가서 청나라를 몰아내고 힘이 있는 조선을 만들기 위한 개혁 정책들을 발표했어. 청나라에 조공하는 것을 폐지하고, 인간의 평등한 권리를 보장하며, 백성들을 수탈했던 관리에게 벌을 내리는 등의 정책들이었지.

이런 일들이 척척 진행되는 동안 갑신정변은 성공한 것처럼 보였어. 그러나 곧 청나라 군대가 창덕궁으로 쳐들어와 공격을 시작하자 상황이 뒤집혔어. 개화파를 돕기로 했던 일본 군대가 약속을 어기고 슬그머니 도망쳐 버렸거든. 일본만 믿었던 개화파는 그대로 도망칠 수밖에 없었지. 그렇게 해서 갑신정변은 3일 만에 실패로 끝났어. 이렇게 갑신정변마저 실패로 돌아가자 조선은 더욱 심하게 청나라의 간섭을 받게 되었단다.

3) 조선 왕조의 마지막을 지켜보다

창덕궁의 아픔은 여기서 그치지 않았어. 순종이 일본에게 조선 왕실의 국새를 내주면서 창덕궁은 사실상 일본의 손아귀에 들어가고 말았지. 일본에게 우리나라를 빼앗긴 것과 동시에 조선 왕실의 궁궐인 창덕궁도 빼앗기고만 거야. 순종은 일본의 감시를 받으며 아픈 세월을 지내다가 창덕궁에서 조용히 눈을 감았어.

● 마지막 어전 회의가 열리다

1910년 8월 22일 창덕궁에서는 조선 왕조 마지막 어전 회의가 열렸어. 순종과 친일 대신들이 참석했지. 옆에는 일본군이 총칼을 차고 지켜 서 있었어. 총리대신 이완용이 순종에게 한일 강제 병합 조약에 찍을 도장, 국새를 내놓으라고 협박했어. 순종은 국새를 내줄 수 없었어.

한일 강제 병합 조약은 대한 제국˙의 통치권을 일본에게 넘겨주는 조약이거든. 나라의 주권을 내주고 완전한 일본의 식민지가 되는 거야. 대한 제국의 황제인 순종으로서는 상상도 못 할 일이었지. 순종은 거부했어. 그러나 이완용과 친일 대신들은 막무가내였어. 국새를 내놓지 않으면 강제로라도 빼앗아가려고 했지. 마침내 방 안을 뒤지기 시작했는데, 국새는 방 안 어디에도 없었어. 어디로 간 걸까?

놀랍게도 국새는 순종의 부인 순정효 황후 치마 속에 있었어. 어전 회의를 하는 동안 순정효 황후는 병풍 뒤에 숨어 있었는데, 상황이 급박해지자

● 고종은 1897년 나라 이름을 '대한 제국'으로 바꾸고 연호를 광무라 하여 자주 국가임을 나타냈어요. 고종은 황제가 되었지요.

기지를 발휘하여 치마 속에 감춘 거야. 황후의 치마 속까지 뒤질 수는 없을 거라고 생각했던 거지. 그러나 친일파였던 큰아버지 윤덕영에게 들켜 강제로 빼앗기고 말았어.

이렇게 국새를 빼앗은 이완용은 그 길로 조선 통감부에 가서 '한일 강제 병합 조약안'에 도장을 찍었어. 그리고 일주일 후인 1910년 8월 29일에 한일 강제 병합 조약이 공포됐지.

이로써 500년 조선 왕조는 막을 내리고 말았어.

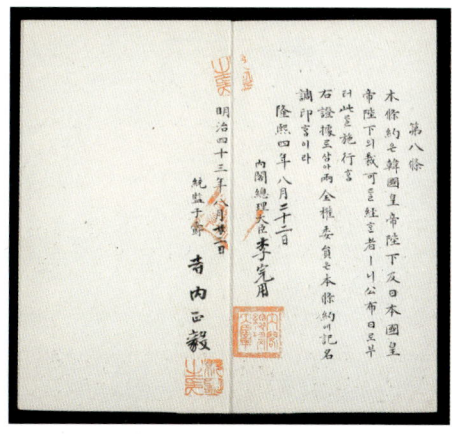

한일 강제 병합 조약: 제1조 대한 제국 황제 폐하는 한국 전부에 관한 모든 통치권을 완전히, 또한 영구히 대일본 제국 천황 폐하께 넘겨준다.

• **마지막 황제 순종 창덕궁에서 잠들다**

순종은 일제의 감시를 받으면서 16년 동안 창덕궁에서 지냈어. 그러다가 1926년 4월 25일, 눈을 감으면서 이런 유언을 남겼어.

지난 날 한일 강제 병합 조약은
일본과 이완용 무리가 제멋대로 만들어
선포한 것이다. 내가 가장 존경하고 내가
가장 사랑하는 백성들에게 내가 한 것이
아님을 분명히 밝히면 강제 병합 문서는
갈가리 찢겨 없어질 것이다.
백성들이여, 노력하여 광복하라.
짐의 혼백이 여러분을 도우리라.

순종의 이런 간절한 마음이 백성들에게 전해졌던 걸까? 순종의 상여가 나가는 날, 많은 백성들이 창덕궁으로 모여들었고, 자연스럽게 광복을 바라는 만세 운동으로 이어졌어.

순종의 장례 행렬에 모인 많은 사람들   순종

4) 일본이 크게 훼손하고 망가뜨리다

창덕궁은 일제 강점기를 거치면서 가장 크게 훼손되고 망가졌어. 일제는 돈화문 앞에 도로를 내서 창덕궁과 종묘를 갈라놓았지. 그리고 인정전과 선정전, 낙선재 등 몇몇 건물만 남겨 두고 수많은 건물들을 철거해 버렸어. 그 때문에 건물들로 빽빽했던 '구중궁궐' 창덕궁은 옛 모습을 잃고 허허벌판처럼 변해 버렸지.

1917년에는 원인 모를 불이 나서 대조전과 희정당을 비롯한 내전 대부분이 불에 타 버렸어. 일제는 기다렸다는 듯이 경복궁 건물을 뜯어다 창덕궁 건물을 다시 지었어. 경복궁의 교태전, 강녕전 등 내전의 대부분을 철거하여 창덕궁의 대조전, 희정당, 경훈각 등을 지은 거야. 불에 탄 창덕궁을 보수한다는 핑계로 경복궁까지 망가뜨려 버린 것이지.

또, 일본 고위 관리들은 연회를 여는 장소로 창덕궁을 사용했어. 인정전, 희정당, 주합루 등에서 모임을 갖고 잔치를 열었으며, 창덕궁 후원을 학생들의 운동회장으로 사용하기도 했어. 마치 유원지처럼 이용하며 후원의 가치를 떨어뜨려 버린 거야. 그뿐

아니야. 멀쩡한 궁궐 건물을 마음대로 뜯어내고 새로 짓기까지 했어. 그래서 인정전을 빼고 거의 모든 건물이 1920년대에 지어진 '현대식' 건물이야.

일본은 일제 강점기 내내 아주 계획적이고 치밀하게 창덕궁을 훼손하고 망가뜨렸어. 주권을 빼앗은 것만으로 모자라 창덕궁에 남아 있는 조선 궁궐의 참모습을 모조리 없애 버리려고 했던 거지.

5) 복원하고 가꿔서 세계 문화유산에 등록되다

 1945년 우리나라는 해방이 되었지만 창덕궁과 후원은 그대로 방치되었어. 그러다가 1990년대부터 창덕궁 복원 사업을 시작했지. 무너지고 부서진 건물들을 고치고 새로 지은 거야. 후원도 아름다운 제 모습이 드러나도록 재정비했어.

창덕궁의 현재 모습(가을)

그 결과 창덕궁은 1997년 유네스코 세계 문화유산에 등록되었어. 창덕궁이 우리 유산을 넘어 전 세계 인류가 보호해야 할 가치가 있는 유산이 된 거지. 이렇게 해서 창덕궁은 전 세계인이 사랑하는 아름다운 궁궐이 되었단다.

창덕궁의 현재 모습(겨울)

둥! 둥! 둥! 신문고를 울릴 수 있었을까?

1401년(태종 1) 태종은 오늘날 금천교를 건너자마자 만날 수 있는 진선문 안에 신문고를 설치했어. 신문고는 백성들이 억울하고 원통한 일을 당했을 때 북을 쳐서 직접 왕에게 알리고 소원을 풀라고 만들어진 거야. 그러나 실제 백성들은 신문고를 칠 수 없었단다.

왜 그랬을까? 신문고를 치려면 아주 복잡한 절차를 거쳐야 했거든. 서울에 사는 백성이면 먼저 해당 관청에 호소하고, 거기서 해결이 안 되면 사헌부에, 그래도 안 되면 담당 관리에게 그 모든 과정을 다 거쳤다는 확인서를 제출한 다음 신문고를 칠 수 있었어.

지방에 사는 백성이면 자기 고을 수령에게, 다음에는 관찰사에게, 그래도 안 되면 서울로 올라와 서울과 똑같은 과정을 거쳐 신문고를 칠 수 있었지. 다만 역모 사건만은 바로 신문고를 칠 수 있었어. 백성들에게 신문고는 '그림의 떡'이었던 거야.

그나마도 폐지되었다가 다시 설치되는 일이 반복되었는데, 다시 설치되더라도 아무나 칠 수 있는 것은 아니었어. 어떤 일은 되고, 어떤 일은 안 된다는 규정이 있었거든. 규정에 어긋난 일은 호소하고 싶어도 방법이 없었어. 규정을 어기고 달려온다 해도 돈화문을 통과할 수 없었지. 돈화문 앞은 항상 병사들이 지키고 있었으니까.

신문고는 좋은 뜻으로 설치되었지만, 실제로는 울리지 않는 구멍 난 북과 같았어.

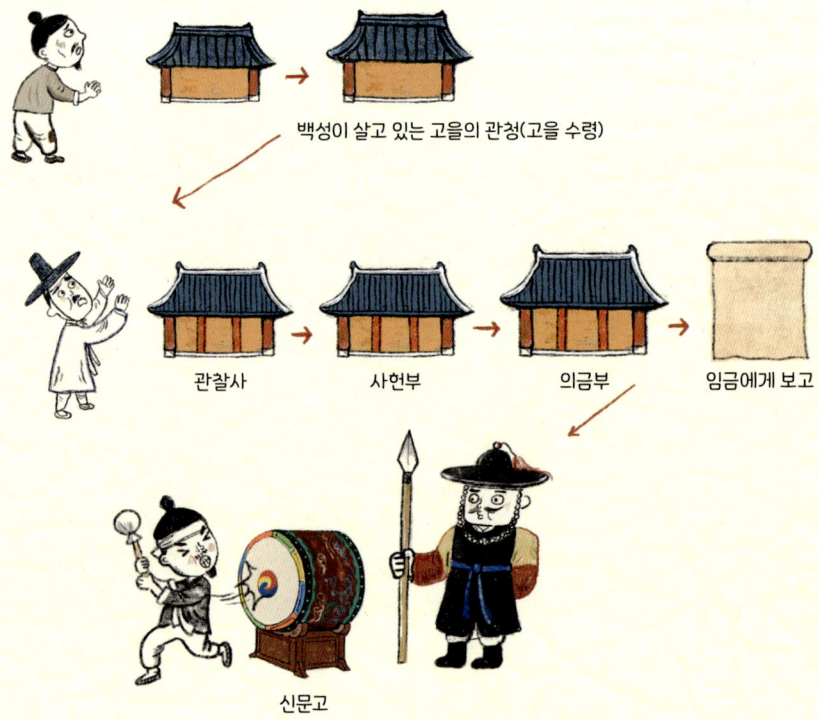

창덕궁 돈화문 밖에서 노비 문서를 불태워라!

조선은 철저한 신분제 사회였어. 양반, 중인, 상민, 천민 등의 신분이 엄격하게 구별되었지. 그중 노비는 가장 천한 신분이야. 토지와 함께 양반의 중요한 '재산'이었어.

어떤 사람들이 노비가 되었을까? 전쟁에 져서 포로로 붙잡힌 사람, 반역 같은 큰 죄를 지은 사람, 빚을 갚지 못한 채무자 등이었어. 어떤 이유로든 한 번 노비가 되면 그 신분을 벗어날 수 없었어.

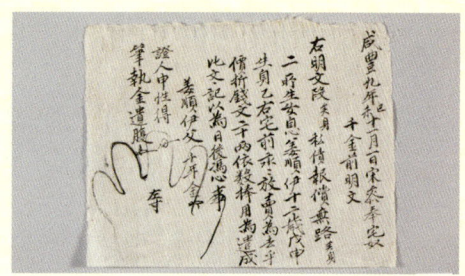

노비 문서: 도장 대신 손을 붓으로 그려 넣었어요.

평생 노비로 살아야 하는 것은 물론이고, 자식에게까지 물려주어야 했지.

이런 노비들이 도망칠 기회가 생겼는데 바로 임진왜란이야. 임진왜란이 일어나자 선조와 신하들은 궁궐을 버리고 피난을 떠나 버렸어. 분노한 백성들은 궁궐과 함께 노비 문서를 보관하던 장례원에 불을 질러 버렸어. 노비 문서가 사라져 버린 거지.

그렇게 해서 자유의 몸이 된 노비들은 어디로 갔을까? 자신이 살던 곳에서 도망쳐 외딴 섬이나 깊은 산중으로 숨어들었어. 이렇게 도망가는 노비들의 수는 임진왜란과 병자호란이 끝난 이후 더 늘어났어. 노비 주인인 양반들은 사람을 시켜 도망간 노비들을 찾아오는 '추노'를 했고, 나라에서는 추쇄도감을 설치하여 노비들을 추격했어. 그러나 노비들의 도망을 막을 수는 없었지.

1801년(순조 1) 1월 28일, 노비들에게는 혁명과 같은 일이 일어났어. 순조가 명령했지.
"선왕 정조의 유지를 받들어 시행하노라. 창덕궁 돈화문 밖에서 노비 문서를 불태워라."
그때 중앙 관청에 속한 공노비 6만 6,067명이 해방되어 양인이 되었어. 물론 이러한 결정이 왕의 결단만으로 이루어진 것은 아니야. 사람다운 대접을 받기 위한 노비들의 끈질긴 저항이 있었기에 가능했지.

그럼 개인 소유였던 사노비는 어찌 되었을까? 그로부터 93년이 지난 1894년 갑오개혁 때 비로소 해방되었어. 그때 노비 제도가 완전히 폐지되면서 노비는 조선에서 공식적으로 사라졌어.

창덕궁의 역사

1400년대
- 1405년(태종 5)   조선의 이궁으로 건설
- 1406년(태종 6)   후원 조성
- 1411년(태종 11)   금천교 건립
- 1412년(태종 12)   돈화문 건립
- 1456년(세조 2)   사육신이 창덕궁에서 세조 일파를 제거하려다 실패해 목숨을 잃음
- 1461년(세조 7)   각 전당들에 이름을 지어 붙임
- 1462년(세조 8)   민가 73가구를 철거하여 후원 확장
- 1468년(예종 즉)   창덕궁 수강궁 중문에서 즉위
- 1494년(연산군 즉) 창덕궁 인정문에서 즉위, 후원을 꾸밈

1500년대
- 1592년(선조 25)   임진왜란으로 선조가 창덕궁에서 의주로 피난
                   경복궁과 창덕궁 등 모든 궁궐이 소실됨

1600년대
- 1610년(광해군 2) 창덕궁 중건을 완료하여 법궁으로 삼음
- 1623년(광해군 15) 인조반정으로 창덕궁의 대부분 전각들이 소실됨
- 1636년(인조 14)   옥류천 주변에 소요정, 청의정, 태극정 건설
- 1647년(인조 25)   인조반정으로 소실된 건물 중건(선정전, 대조전, 희정당, 징광루 등)
- 1649년(효종 즉)   창덕궁 인정문에서 즉위
- 1659년(현종 즉)   창덕궁 인정문에서 즉위
- 1674년(숙종 즉)   창덕궁 인정문에서 즉위

1700년대

1704년(숙종 30)	후원에 대보단 건설
1724년(영조 즉)	창덕궁 인정문에서 즉위
1749년(영조 25)	대보단 중수
1776년(정조 즉)	2층 누각을 세워 위층은 주합루, 아래층은 규장각이라 함

1800년대

1800년(순조 즉)	창덕궁 인정문에서 즉위
1803년(순조 3)	인정전 소실, 1804년에 재건
1833년(순조 33)	대조전, 희정당 등 소실, 1834년 재건
1849년(철종 즉)	창덕궁 인정문에서 즉위
1863년(고종 즉)	창덕궁 인정문에서 즉위
1882년(고종 20)	창덕궁에서 임오군란이 일어남
1884년(고종 22)	창덕궁 관물헌에서 갑신정변이 일어남

1900년대

1910년(순종 3)	창덕궁 흥복헌에서 한일 병합 조약을 강제로 맺음
1917년(순종 11)	대화재로 침전 건물 소실
1920년(순종 14)	경복궁 일부 건물을 옮겨 창덕궁 건물 재건
1926년(순종 20)	마지막 황제 순종, 창덕궁 대조전에서 승하
1990년~1999년	대규모 복원 사업(돈화문 월대, 낙선재 일대, 진선문, 숙장문 등)
1997년	유네스코 세계 문화유산으로 등록

🏛 관람 시간

	1월	2월	3월	4월	5월	6월	7월	8월	9월	10월	11월	12월
궁궐 전각	09:00~17:30	09:00~18:00				09:00~18:30			09:00~18:00		09:00~17:30	
후원 왕실 정원	10:00~16:30	10:00~17:00	10:00~17:30			10:00~18:00			10:00~17:30		10:00~17:00	10:00~16:30

매주 월요일은 휴관이에요. 입장은 관람 종료 1시간 전까지 가능해요.
후원은 미리 예약해야 관람할 수 있어요. 창덕궁 홈페이지(http://www.cdg.go.kr/)에서 관람 희망일 6일 전부터 선착순으로 예약할 수 있답니다.

🏛 해설 시간

● 궁궐 전각 관람 해설 시간

1, 2, 11, 12월	3, 4, 5, 6, 7, 8, 9, 10월
09:30, 11:30, 13:30, 15:30	09:30, 11:30, 13:30, 15:30, 16:30

돈화문 안쪽 안내도 앞에서 해설을 시작해요. ※ 시간이 바뀔 수도 있으니 미리 확인하세요.

● 후원 관람 해설 시간

1, 2, 11, 12월	3, 4, 5, 9, 10월	6, 7, 8월
10:00, 11:00, 12:00, 13:00, 14:00, 15:00	10:00, 11:00, 12:00, 13:00, 14:00, 15:00, 16:00	10:00, 11:00, 12:00, 13:00, 14:00, 15:00, 16:00, 16:30

후원 입구에서 해설을 시작해요. ※ 시간이 바뀔 수도 있으니 미리 확인하세요.

🏛 관람 예절

소중한 문화재를 관람할 때 이것만은 지켜 주세요.

- 불이 날 수 있는 인화 물질 및 위험한 물건은 가져가면 안 돼요.
- 각종 야영용품(텐트, 돗자리, 그늘막 등) 및 취사도구도 가져갈 수 없어요.
- 장애인 보조견 이외의 반려동물도 데려갈 수 없어요.
- 체육, 놀이 기구, 악기, 확성기 및 다른 사람의 관람 또는 문화재 보존 관리에 지장을 줄 수 있는 물건을 가져가면 안 돼요.
- 큰 소리로 떠들거나, 문화재 출입 금지 구역에 마음대로 들어가면 절대로 안 돼요.

사진 출처

18, 경복궁 경회루 사진, 문화재청 국가문화유산포털 홈페이지
18, 경희궁 숭정전 사진, 문화재청 국가문화유산포털 홈페이지
19, 창경궁 홍화문 사진, 문화재청 국가문화유산포털 홈페이지
19, 덕수궁 중화전 사진, 문화재청 덕수궁 홈페이지
20~21, 동궐도, 고려대학교박물관 소장(문화재청, 동궐도 읽기)
31, 구장복, 국립중앙박물관 소장
33, 무신진찬도, 국립중앙박물관 소장
51, 덕혜옹주와 남편 소 다케유키 백작 사진, 국립고궁박물관 소장
51, 이방자 여사 사진, 국립고궁박물관 소장
51, 영친왕 부부 사진, 국립고궁박물관 소장
58, 동궐도 속 후원 일대, 고려대학교박물관 소장(문화재청, 동궐도 읽기)
65, 의두합과 운경거 사진, 문화재청 창덕궁 관리소
76, 다래나무 사진, 문화재청 국가문화유산포털 홈페이지
81, 일본 조총 사진, 위키백과, Rama
87, 개화파 주요 인물 사진, 위키백과
89, 한일 강제 병합 조약, 규장각한국학연구원 소장
90, 국장 행렬 사진 엽서, 국립고궁박물관 소장
90, 순종 황제 사진 엽서, 국립고궁박물관 소장
92, 창덕궁 궐내 각사 가을 사진, 문화재청 창덕궁 홈페이지
93, 창덕궁 궐내 각사 겨울 사진, 문화재청 창덕궁 홈페이지
95, 노비 매매 명문, 국립중앙박물관 소장

※ 이 책에 실린 모든 이미지는 저작자의 허락을 받고 실었습니다.
따라서 무단으로 사용하는 경우 저작권법 등에 따라 법적 책임을 질 수 있습니다.

> **교과 연계**
>
> 3학년 1학기 사회 2단원 우리가 알아보는 고장 이야기
> 4학년 1학기 사회 2단원 우리가 알아보는 지역의 역사
> 5학년 2학기 사회 3단원 유교 문화가 발달한 조선
> 6학년 1학기 사회 2단원 근대 국가의 수립을 위한 노력과 민족 운동

찾아가는 역사

창덕궁

ⓒ 글 김은의 · 그림 김주리, 2018

펴낸날 1판 1쇄 2018년 8월 7일 인쇄 2018년 8월 15일 발행
글 김은의 **그림** 김주리 **기획** 날개달린연필 **사진** U&J(글씸)
펴낸이 문상수 **펴낸곳** 국민서관㈜ **출판등록** 제406-1997-000003호
본부장 김영훈 **편집팀장** 목선철 **편집** U&J(글씸) **디자인** U&J(글씸) **캘리그라피** 임재승
마케팅 조병준, 김정범 **제작** 윤여동
주소 (10881) 경기도 파주시 광인사길 63 국민서관㈜
전화 070)4330-7842 **팩스** 070)4330-7845
홈페이지 http://www.kmbooks.com **카페** http://cafe.naver.com/kmbooks
페이스북 http://www.facebook.com/kookminbooks
ISBN 978-89-11-12623-1 74900 / 978-89-11-12622-4 (세트) **값** 13,000원

＊잘못된 책은 구입하신 곳에서 바꿔 드립니다.
＊이 책의 일부를 재사용하려면 반드시 국민서관㈜의 동의를 얻어야 합니다.
＊이 책은 친환경 콩기름 잉크로 인쇄하였습니다.

「이 도서의 국립중앙도서관 출판예정도서목록(CIP)은 서지정보유통지원시스템 홈페이지(http://seoji.nl.go.kr)와
국가자료공동목록시스템(http://www.nl.go.kr/kolisnet)에서 이용하실 수 있습니다.(CIP 제어번호: CIP2018021072)」